皇家园林

中国古老文化寻踪

皇家园林

黄明哲 著　朱天纯　陈 波 摄影

中国科学技术出版社
·北京·

总 序

　　人类文明的演进是一部文化史，也是一部科技史。在科技革命前的几千年里，文明的发展是分区的、渐进的，缓慢前行，凡是有着悠久历史的民族，都积淀下丰厚的文化结晶。到了近现代，因科技的爆发式发展，经济迅猛增长，全球化整合加速，整个人类文明迎来了前所未有的大变迁时代。那些曾经传承在各民族、部落，体现在艺术、工艺以及人们日常生产生活方式及行为中的文化瑰宝，在几千年历史的波澜中经历了考验，却可能在整体文明变迁中失去存在的基础。

　　有句老话说：民族的，才是世界的。但今天的现实是，全球化同化着人们的生活，也弱化了支持民族古老文化的基础。摆在面前的课题是：如何保住民族的文化？如何维系全球文化的多元生态？面对逐渐消失的五千年中国古老文化，我们能够做些什么？《中国古老文化寻踪》丛书的一个"寻"字，是非常值得推崇的。

　　寻，是一种态度。丛书的作者们将目光投向目前还活着但正在或很快会消逝的民族文化精品，诸如传统的手工艺、民俗、古乐舞、古乐器、皇家园林、市井风情、村落生活，等等，它们看起来彼此独立，但从内在看，同样扎根于古老的文明。丛书视野开阔，从皇家宫殿到市井胡同，从隋唐乐舞到历朝乐器，从京剧艺术到藏族神舞，从部落祭祀到清茶一杯，这"寻"的眼光无所不至，唯民族的精神是从。

　　寻，是一种价值。以四川夹江马村一带的造纸术为例，那里自古以来造纸业非常兴旺。其传承千年的手工造纸法，几乎原版再现了蔡伦的造纸术。夹江手工造纸术系国家级非物质文化遗产。这种以独特视角真实记录民间工艺的作品却有着艺术审美与经济文化的双重价值。又如藏族的羌姆舞蹈，从舞蹈内容上来说虽源于祈求神佛驱除恶魔，但从民族心理文化的深层次来说，却表现出人们期望驱逐浮躁杂念，回归心灵平静的追求。有人说，攀登高山，是因为山就在那儿。我相信，古老文化的记录者们有着同样心结。

寻，是一种方式。早在十几年前，刘晓峰同志就计划构思拍摄"现代的古老"大专题，希望通过挖掘现代生活中古老的文明，以及古代与现代有联系的事和人，比如传统工艺、非物质文化遗产等内容，启发当代读者的文化自觉。摄影者对题材与拍摄角度的选择，其实也是其世界观的一种表达方式。我感到，丛书的工作其实代表了一批农工民主党人的文化自觉。在新的历史时期，他们自觉承担起了保护民族遗产、弘扬中华文化的历史使命。与此同时，中国科学技术出版社多年的精心策划、酝酿与组织，一大批专家、摄影师们长期的积累与饱含深情的工作，则成为丛书得以完成的现实基础和不可或缺的前提。

　　用影像探寻文化形态，以文字揭示内在价值，《中国古老文化寻踪》抢救的是中国传统文化的"活的基因"。科技推动了社会变迁，科技也给了我们搜救的手段，我们需要发动各方面力量，用高科技方式，以最高技术格式记录下这些"活的基因"，承接祖先的血脉，并世代相传。这也是实现"中国梦"的重要组成部分。

前 言

北京是一座深具历史文化底蕴的城市，3000余年的建城史和850余年的建都史，为这里留下了无数的历史发展的印记，而皇家园林建筑无疑是历史文化最为直观的群体见证。

北京作为七朝古都，建筑格局十分缜密，从南到北的中轴线，贯穿着无数的文物古迹，是了解北京文化的提纲之领。中轴线南起永定门，北至钟鼓楼，全长约8000米，中轴线与什刹海相切，天然湖泊与市区融为一体，体现着"天人合一"的传统哲学思想。

中国传统文化的象征性建筑——故宫，就位于这条中轴线之上。故宫所用的主体色彩种类不过两三种，建筑格局也极其简洁，却形成庞大、生动、震撼人心的建筑群，真正是化繁为简、由简入繁、出神入化的伟大作品。

北京的皇家园林建筑，是中华民族优秀文化的灿烂结晶，也是整个人类建筑史上的杰出瑰宝。除了明清两代皇帝的故宫之外，这里还有帝王祭祀的全套建筑，祭天、祈谷的天坛，祭地的地坛，祭祀日月的日坛和月坛，以及祭祀江河社稷的社稷坛。这里有元、明、清三代最高学府国子监，有显示了古代天文学成就的古观象台，有现存规模最大、保存最完整的皇家园林颐和园，有铭记了英法联军侵华罪恶的圆明园等。

北京，是中国古代皇家园林建筑的教科书和"活化石"。

除了历代帝王生活的宫殿楼合之外，他们死后所安息的陵寝也堪称是建筑史上的杰作。

明十三陵是明朝自迁都北京后，13位皇帝的埋葬之处。13座陵寝均依山而建，规模宏大，气势磅礴，是世界上宏大的皇陵建筑群之一，是了解明朝历史的珍贵文化遗迹。十三陵是列入世界文化遗产名录的世界著名景观。

北京也是寺庙宫观高度集中的地区。各种宗教传入北京后，都在北京修建了自己的庙宇，形式、格局五花八门，庵、观、寺、院、宫、庙、堂、祠，应有尽有。这些庙宇，多数已经属于重点文化保护单位，而有的随着时代的变迁，

逐渐消失。今天，不少庙宇依然盛名不衰，流传久远。由于很多庙宇都是古代皇家所"敕封"甚至"敕建"，因此，它们的建筑形式，当然也可以视作是皇家园林的有机组成。

　　都城的建筑能反映一个国家的历史，北京就是中国历史和文化的缩影。北京是古老的，是民族的，但又是一座风骨雄健的国际化大都市，直至今天，依然是世界舞台上一颗璀璨的巨星，而北京的皇家园林建筑，自然是这颗巨星散发出的最为绚烂的光芒。

黄明哲

目录 | Contents

目录 | Contents

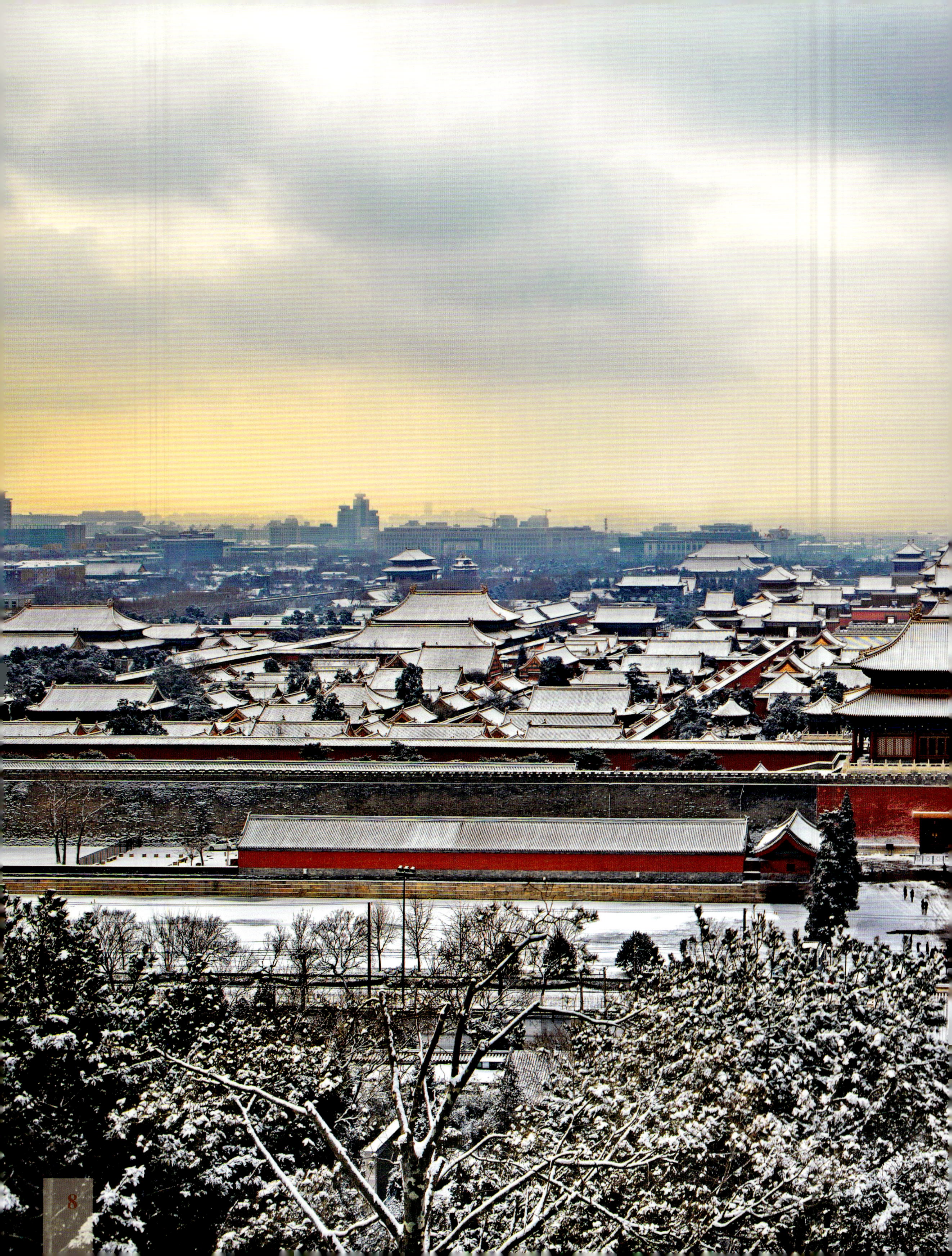

紫禁瑰宝：故宫

故宫，旧称紫禁城，为明清两代的皇宫。它是世界现存最大、最完整的木质结构的古建筑群，是人类建筑史上无与伦比的杰作。

故宫东西宽 753 米，南北长 961 米，面积约为 72.36 万平方米，其中，建筑面积 15.5 万平方米。宫城环绕着高 12 米、长 3400 米的宫墙。墙外有 52 米宽的护城河环绕，形成一个坚固的城堡。

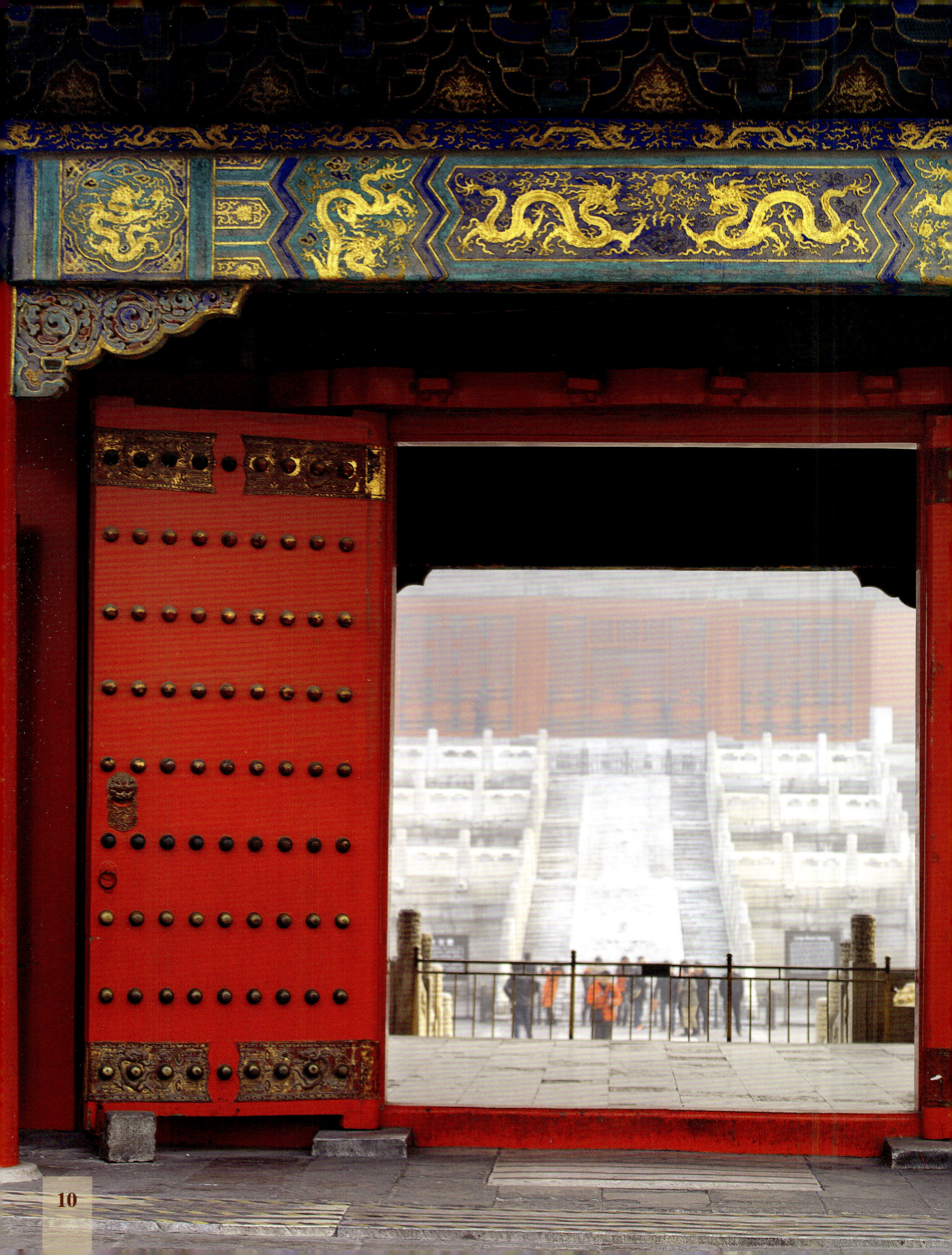

故宫由明皇帝朱棣始建，1406年开工，1420年基本竣工，历经15个春秋。传说天上的玉皇大帝有宫殿10000间，人间的帝王不能僭越，于是故宫修建为9999间半。有数据说故宫有8707间建筑，也有人说至今没有数清楚。

故宫的城墙四角有四个角楼，这些明代建造的角楼的构造精巧绝伦，号称九梁十八柱七十二条脊的角楼，是中国建筑艺术的绝顶精品。

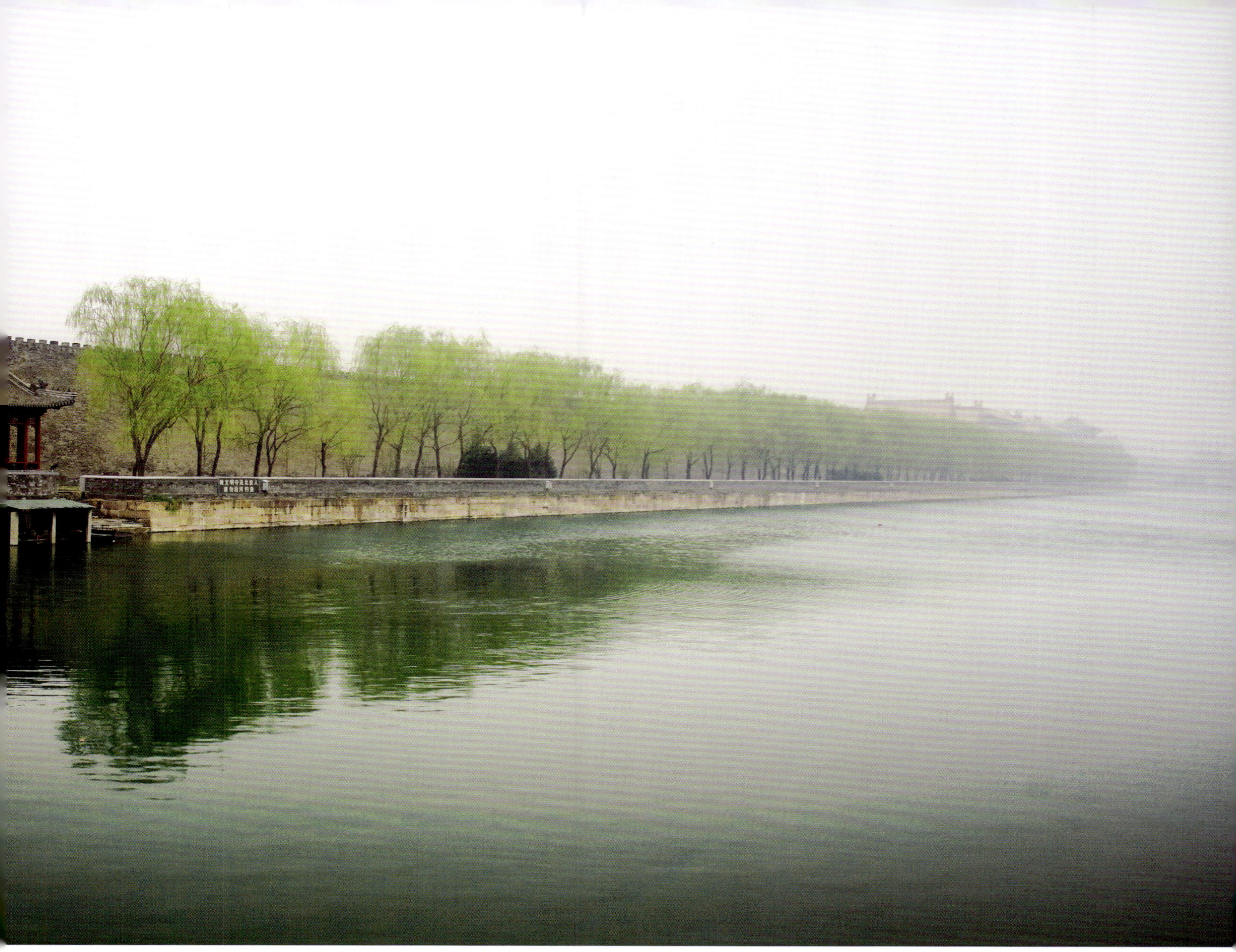

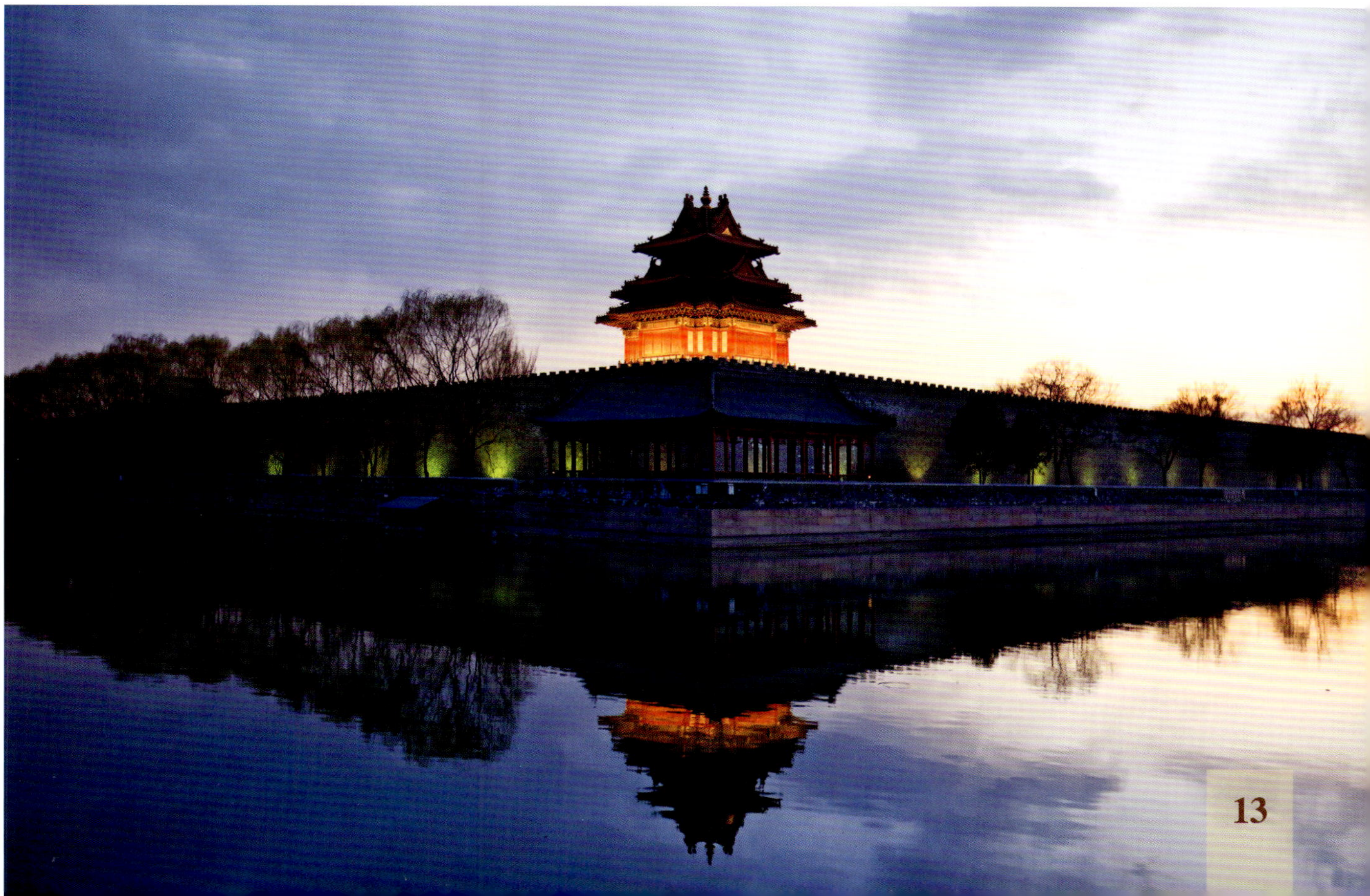

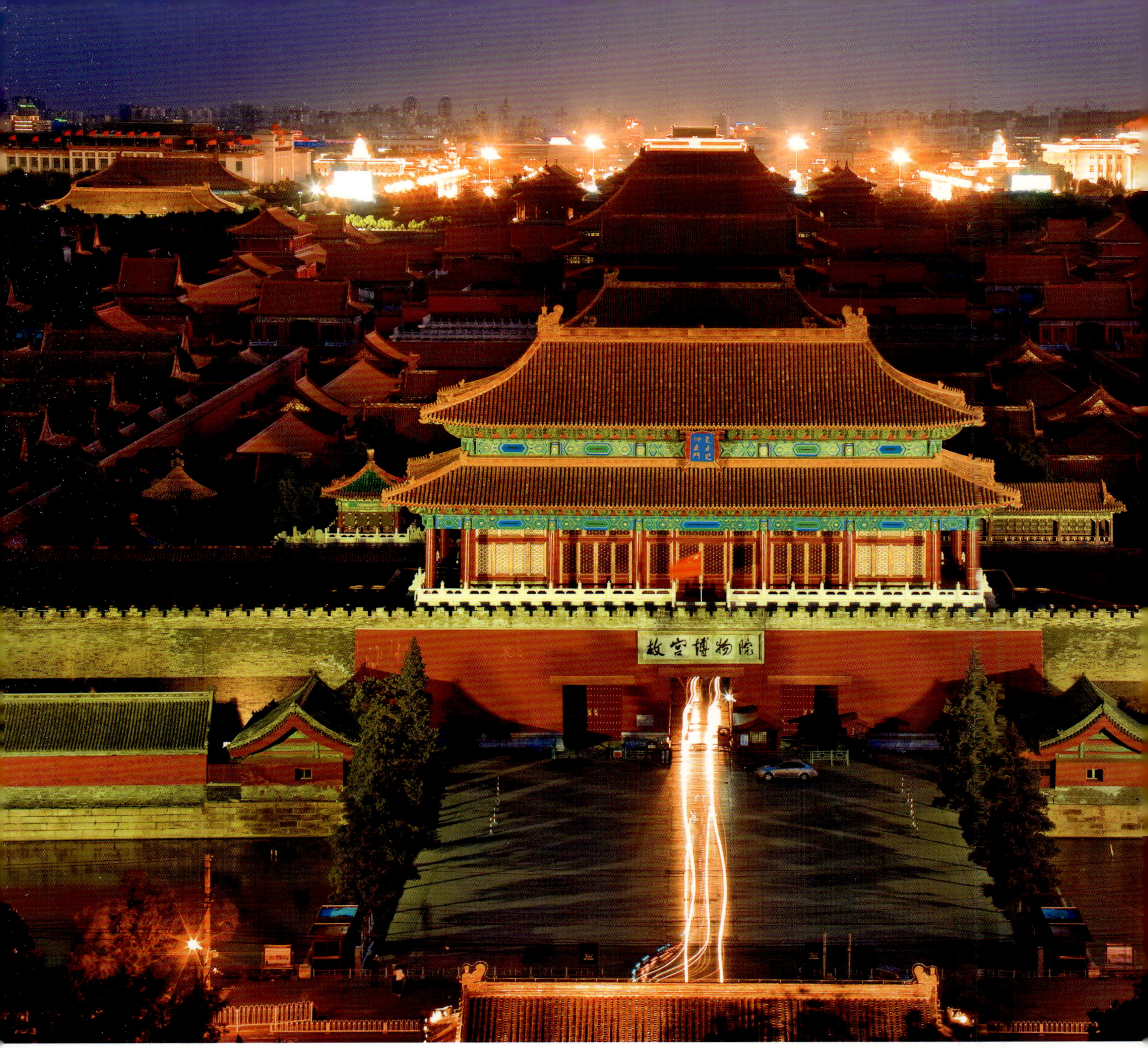
故宫博物院

故宫有四个门，正门为午门，北门名神武门，东门为东华门，西门名西华门。午门有五个门洞，当中的正门在当时只有皇帝才能出入；皇帝大婚时，皇后可以进一次；殿试考中状元、榜眼、探花的三人可以从此门走出一次。至于平常大臣上朝，就走两边的掖门。

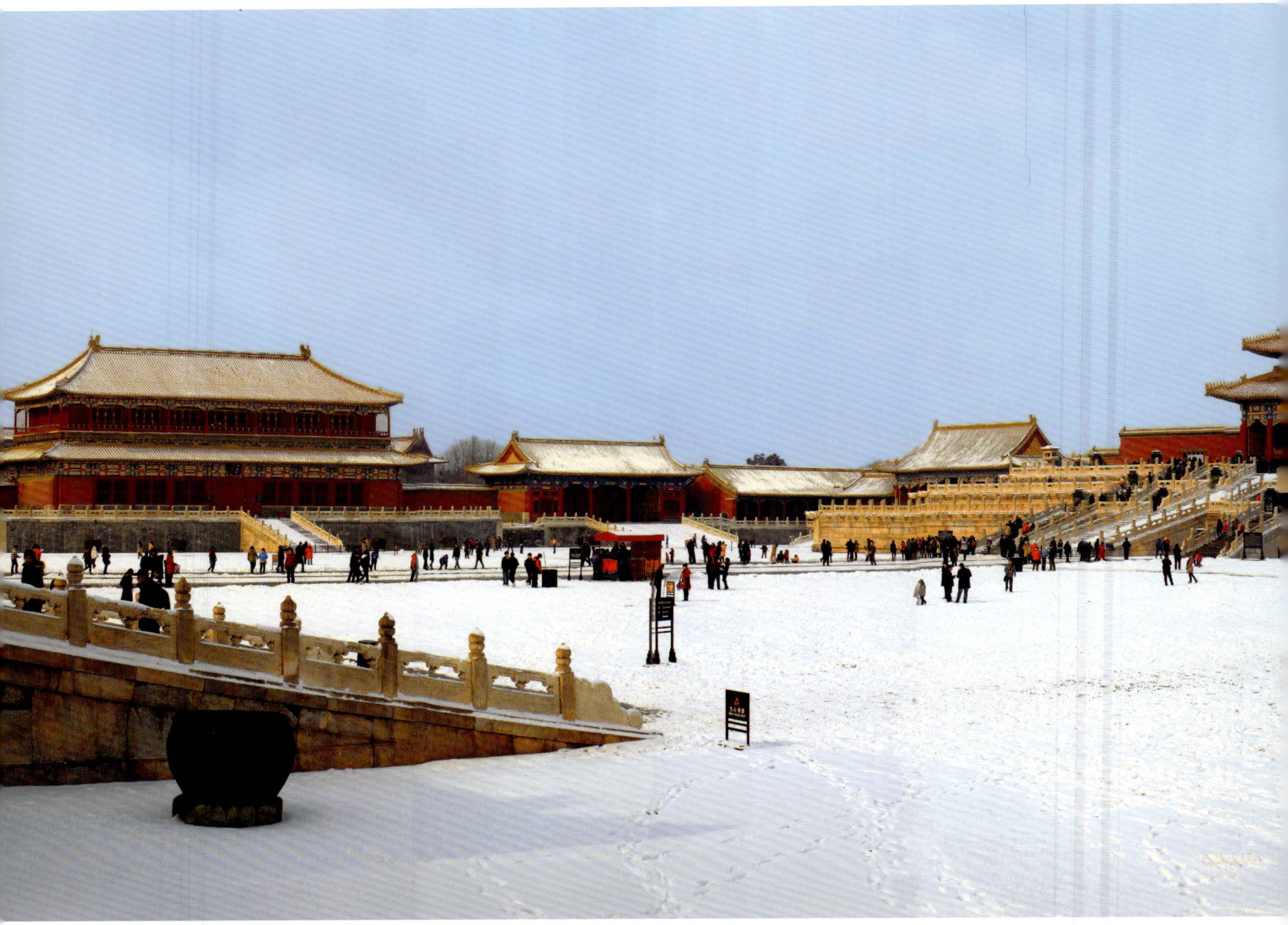

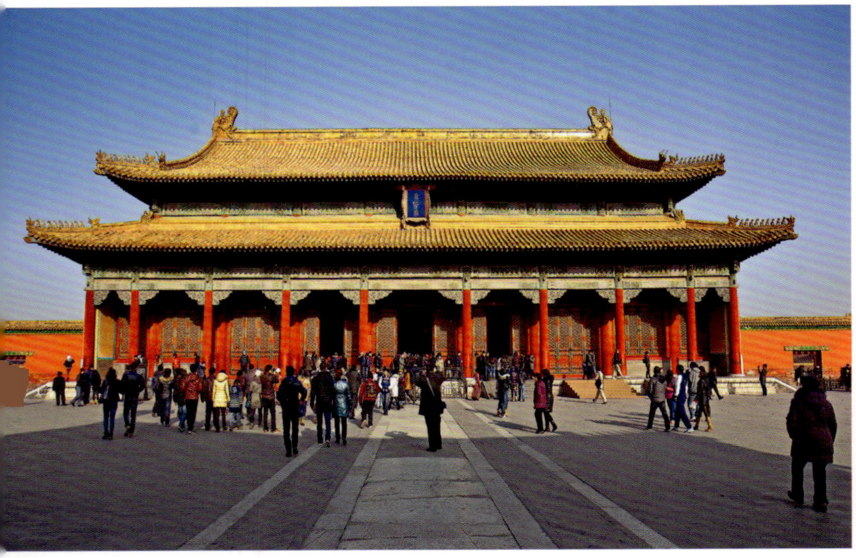

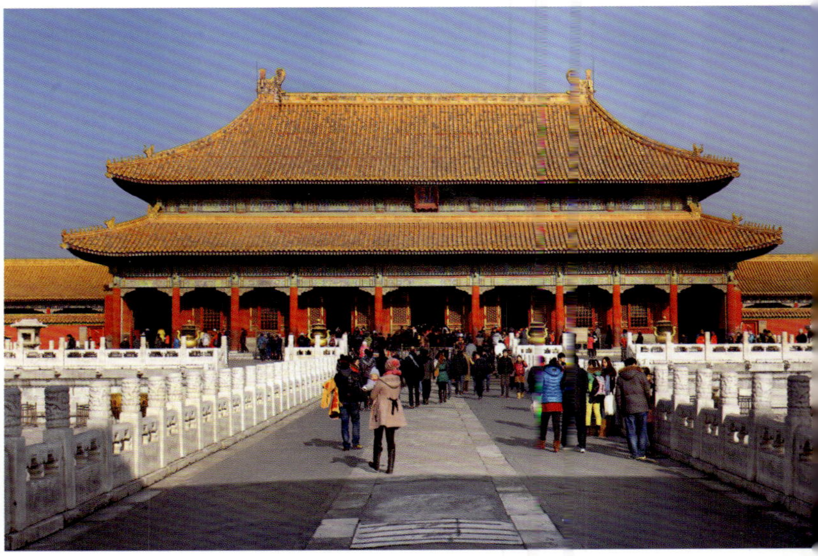

故宫里，进行国家重大礼仪活动的宫殿有三座：太和殿、中和殿和保和殿。这就是所谓的前朝，是皇帝办公的地方。而乾清门之后就是皇帝的居所，由乾清宫、交泰殿和坤宁宫组成。

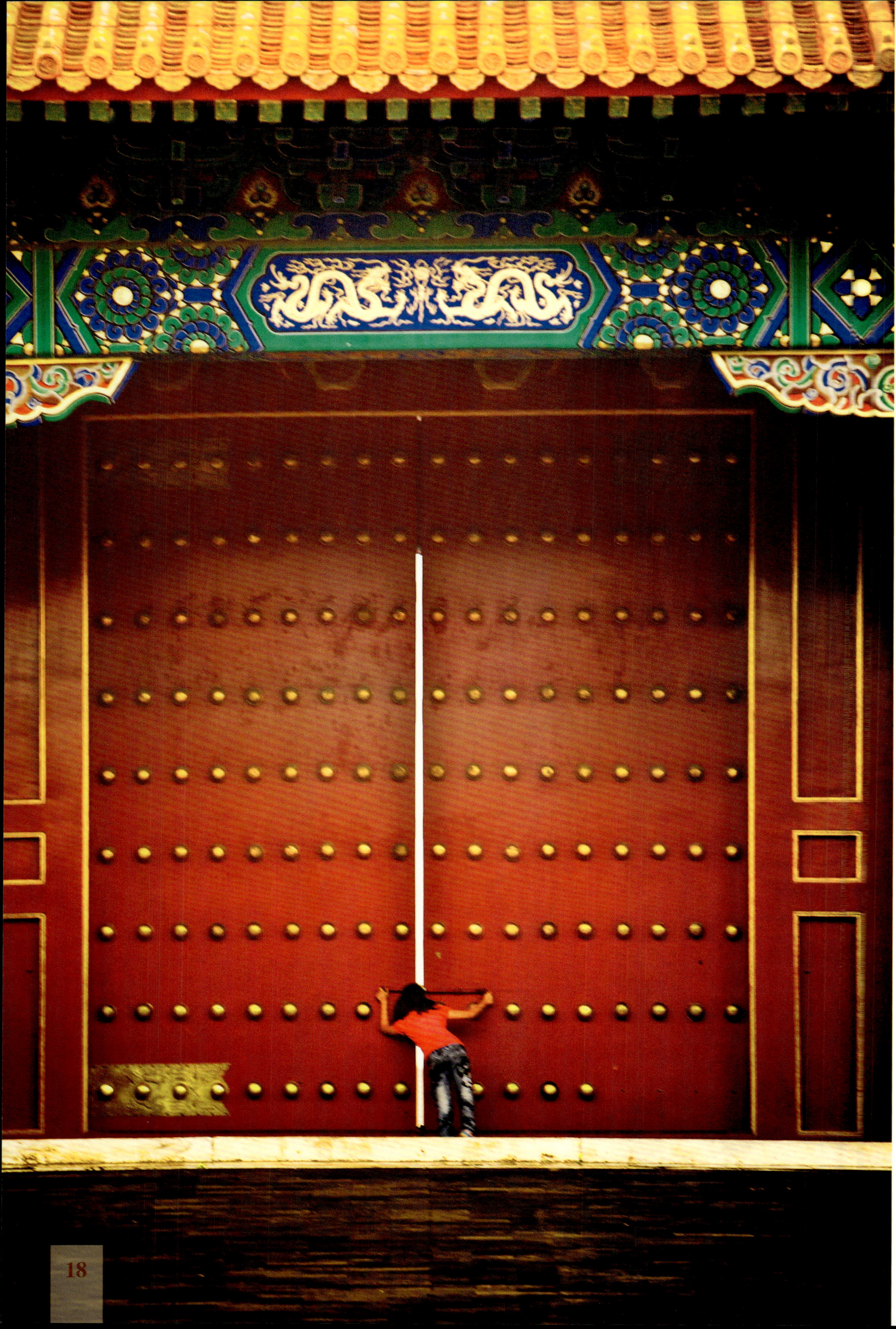

故宫建成后，经历了明清两个王朝，到 1911 年清帝逊位，历经 500 余年，两个王朝共有 24 位皇帝在此居住。如今，这里已经成为故宫博物院，藏有大量珍贵文物，包括各种古代艺术珍品，是中国收藏文物最丰富的博物馆。

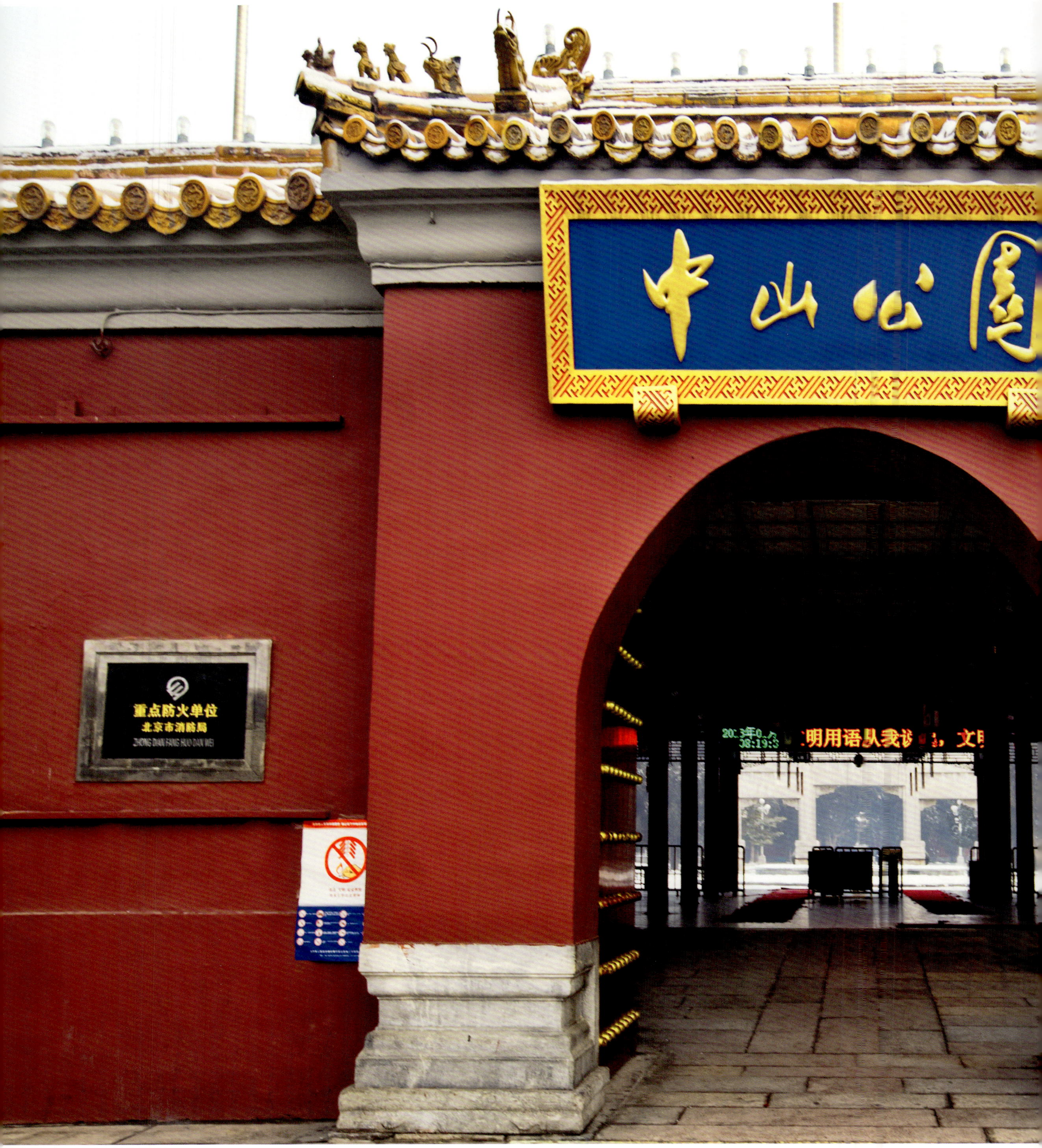
中山公園
重点防火单位
北京市消防局
ZHONG DIAN FANG HUO DAN WEI

中山公园前身为明清社稷坛。中国古代是农业国家，用社稷指代国家，社指的是土神，而稷为谷神，国家每年都要举行仪式来进行祭祀，以保佑四方安宁，谷物丰收。社稷坛就是明清两代皇帝每年祭祀土神和谷神的地方。

社稷坛附近设有拜殿，也就是皇帝祭祀时休息的地方，如果遇到阴雨天，就在拜殿之内举行祭祀仪式。拜殿立于一米高的白石之上，有六步台阶。它的主体建筑依旧是明代的。

1925 年，孙中山先生逝世，灵柩曾在拜殿停放。1928 年，为纪念孙中山先生，明清社稷坛改名为中山公园，拜殿也改称为中山堂。

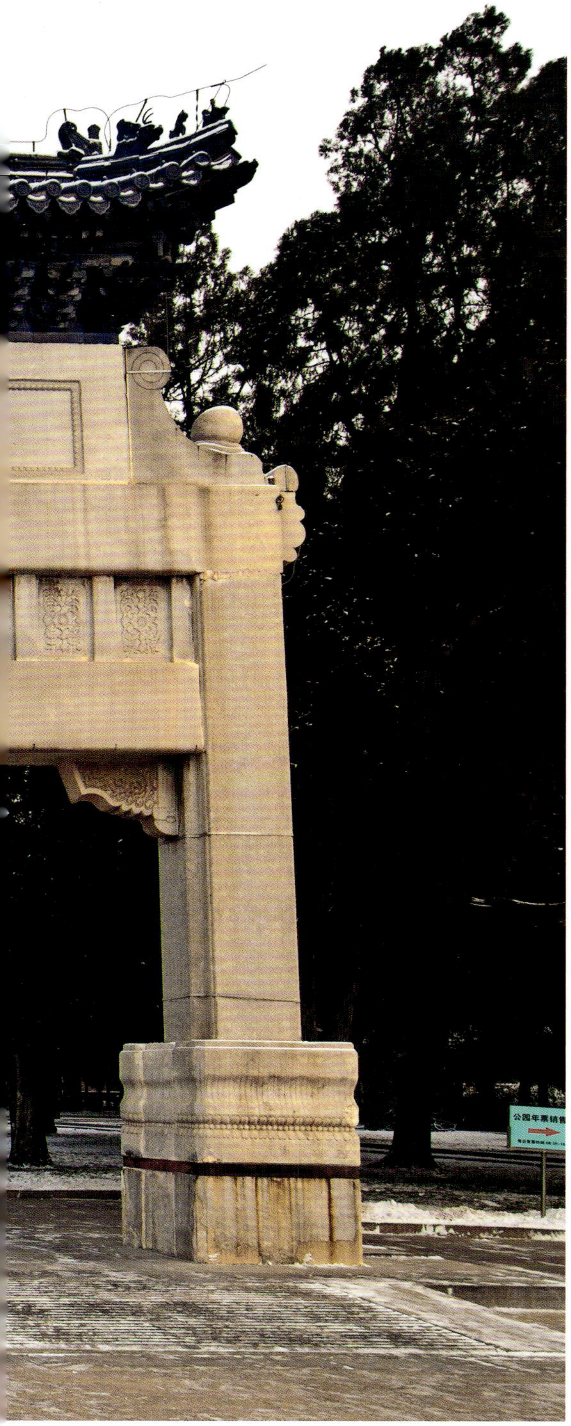
公园年票销售

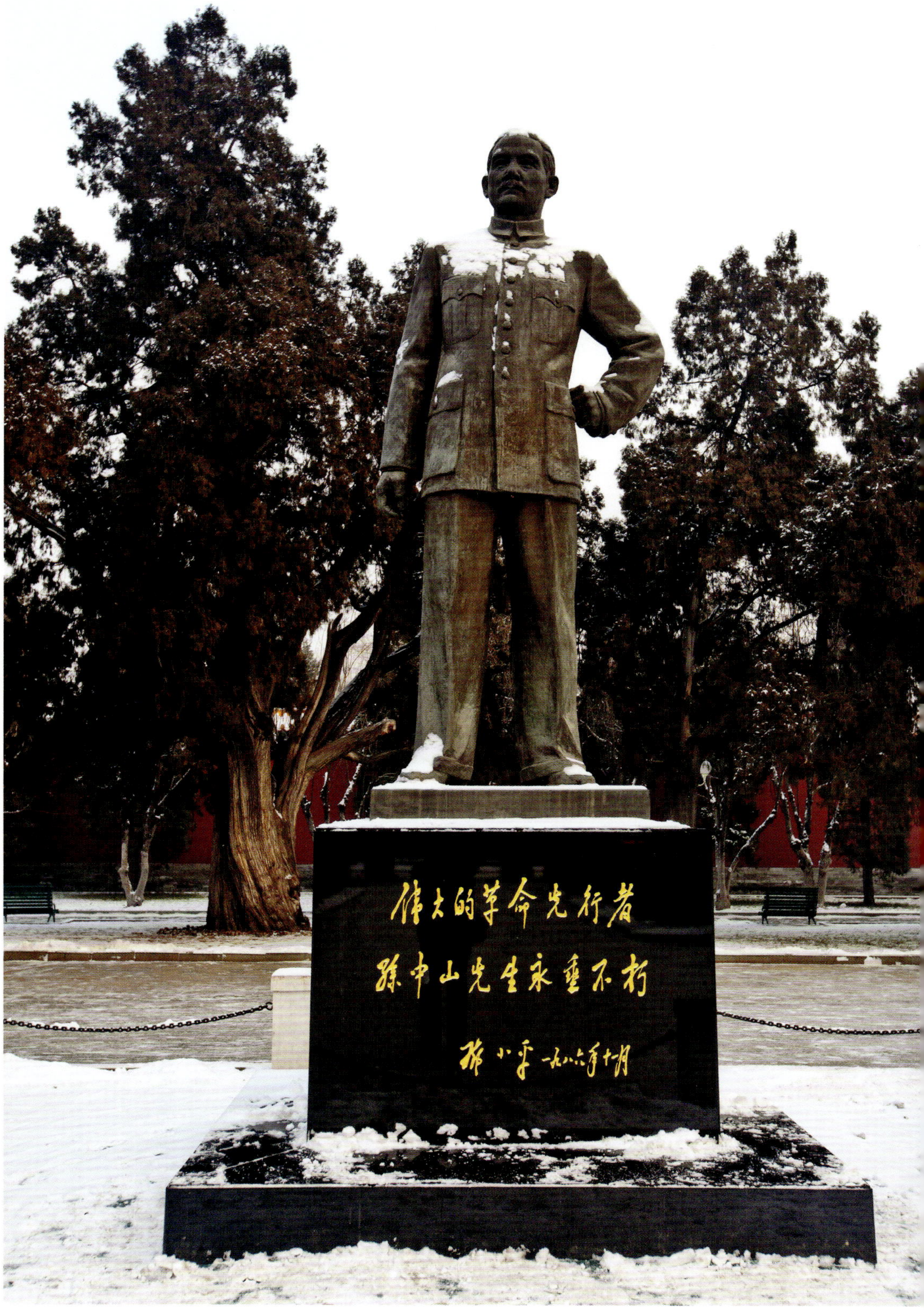
伟大的革命先行者
孙中山先生永垂不朽
邓小平 一九八六年十一月

今天，中山公园的整套祭祀建筑依然保存完好，社稷坛、拜殿、神厨、神库、宰牲亭、坛墙、坛门等建筑一应俱在。园中的社稷坛是全国仅存的一座，在拜殿之南，有三层汉白玉基座，分为内坛、外坛，内坛按照五行方位铺五色土，即中黄、东青、南红、西白、北黑。中央埋设主石，称江山石，有稳固江山的寓意。

圆明园，坐落于北京西郊。圆明园由清康熙皇帝下令建造，康熙四十八年（1709年）始建。康熙把这座园林赐给四皇子胤禛，也就是后来的雍正皇帝。雍正信佛，法号圆明，康熙就把园子命名为圆明园，显然对胤禛宠爱有加。

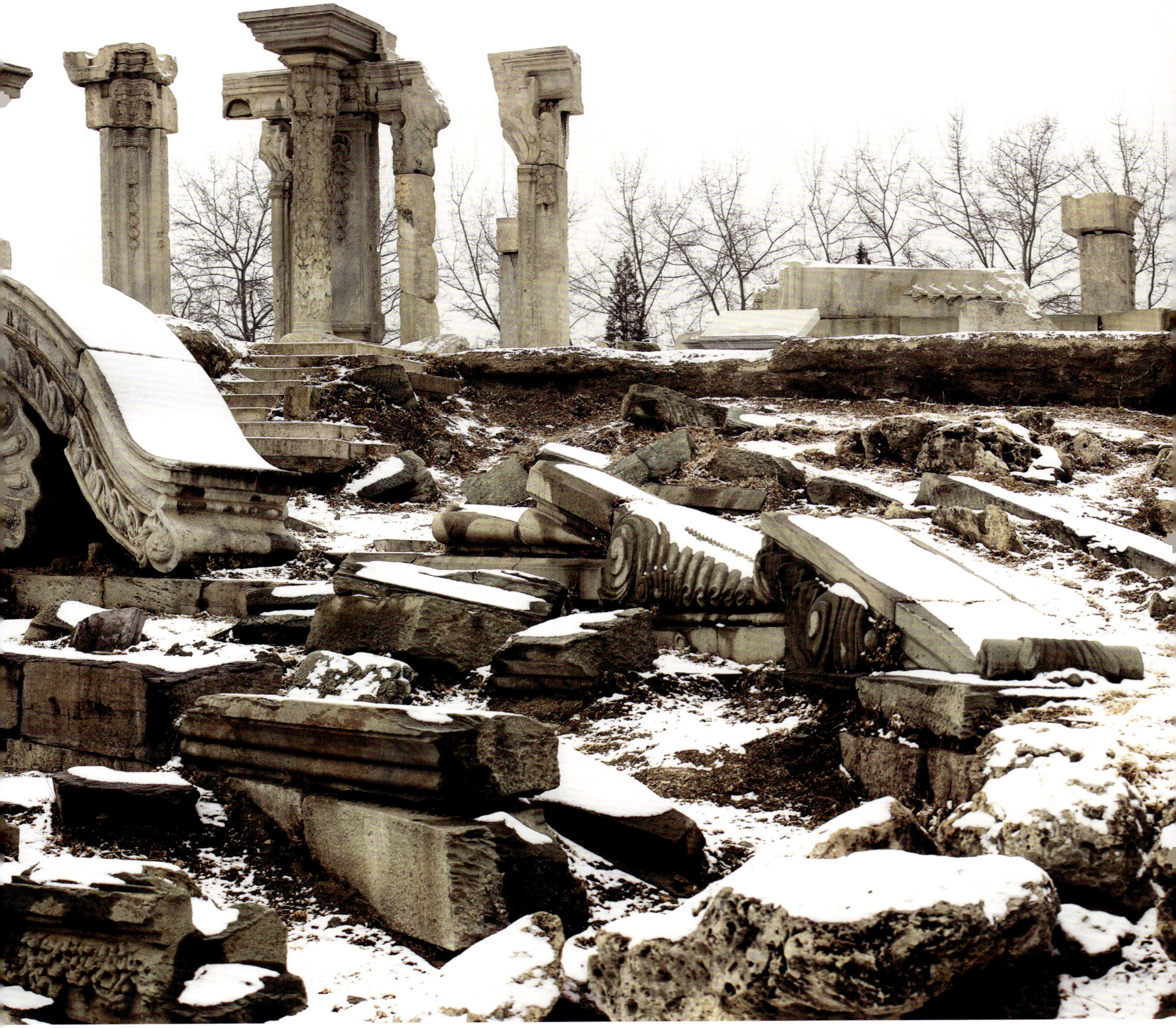

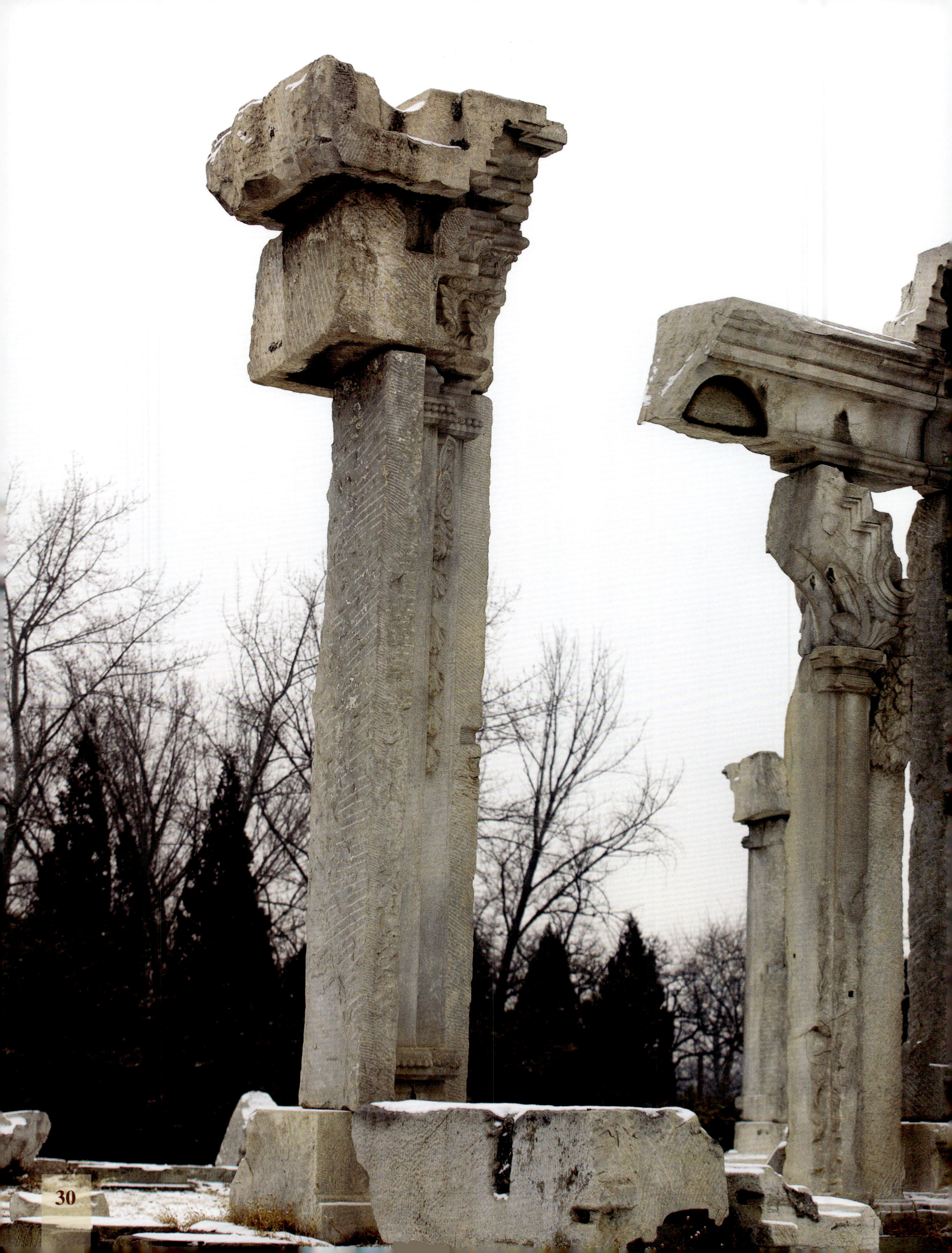

圆明园是中国古代第一座仿欧式风格的大型园林，占地极广，有350万平方米，仅水面面积就相当于四大名园之一的颐和园。而陆上建筑面积则比故宫还要多1万多平方米，水陆相加，总面积竟等于八个半紫禁城！

鼎盛时期，圆明园内有大型建筑145处，谐奇趣、黄花阵、养雀笼、方外观、海晏堂、远瀛观、大水法、线法山、线法画，处处都堪称世界建筑史上的杰作，因此有"万园之园"之誉。园内又收藏有难以计数的艺术珍品，在当时的世界首屈一指。

1860年英法联军入侵北京，洗劫了园内的文物，1900年，圆明园再遭八国联军焚毁，从此只剩下残垣断壁，令世界各地前来游览的人们惆怅感怀。

颐和园坐落于圆明园之西，香山之东南，是中国现存规模最大、保存最完整的皇家园林。它在昆明湖、万寿山的基础上，整体风格仿效了杭州西湖风景，设计的手法以及意境则多借鉴了江南园林，有"皇家园林博物馆"的美誉。

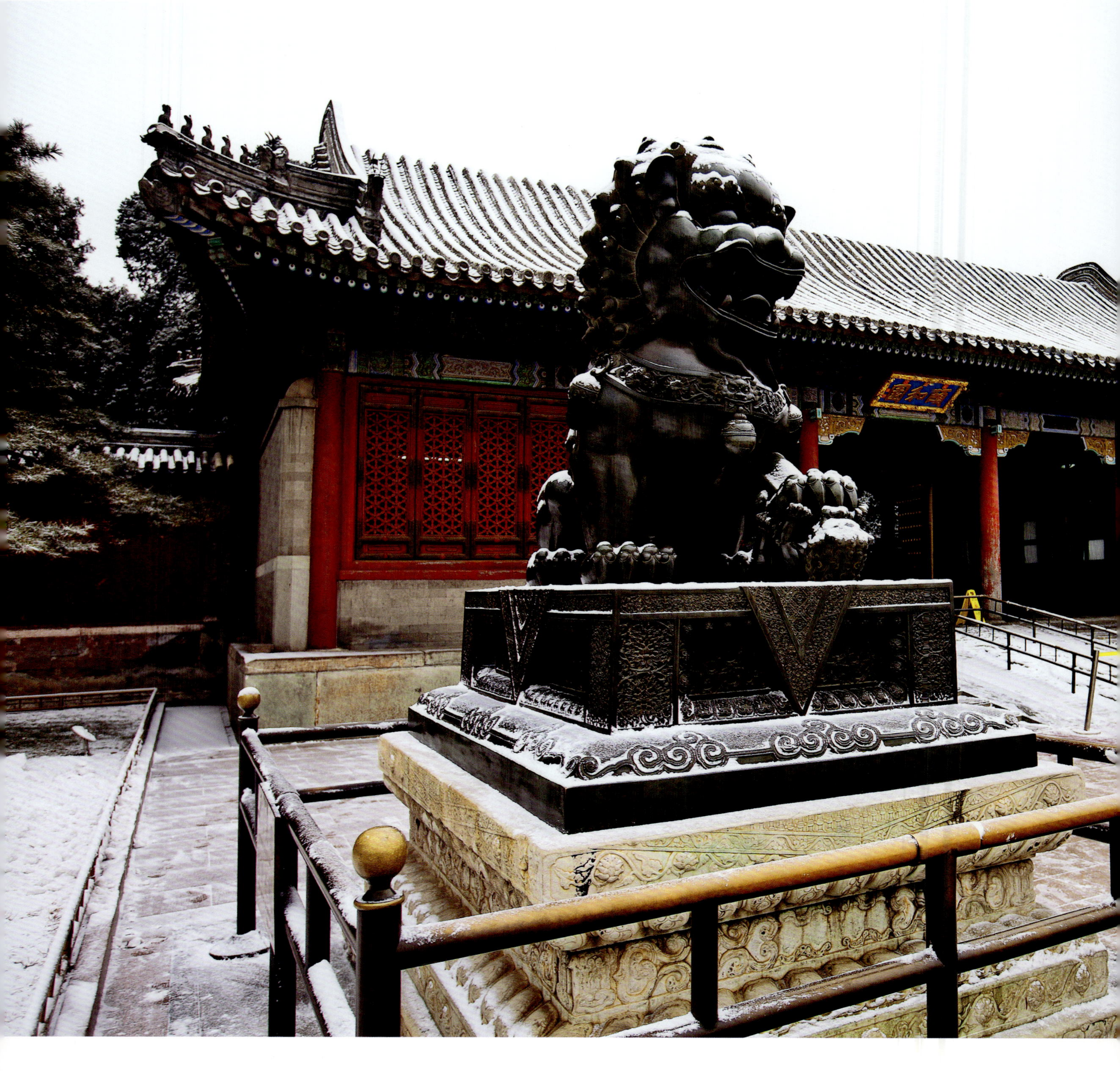

颐和园始建于 1750 年，1764 年建成，是康熙送给母亲孝圣皇太后的礼物，原名清漪园，面积为 290 万平方米。当时北京西郊香山、万寿山、玉泉山一带已有四座皇家园林，颐和园建成以后，就形成了三山五园的皇家景观带。

咸丰十年（1860年），清漪园被英法联军焚毁。光绪十四年（1888年），慈禧太后以筹措海军经费的名义动用白银500万两重建，并改名为颐和园，作消夏游乐之地。然而，光绪二十六年（1900年），颐和园又遭八国联军的破坏，园内珍宝被劫掠一空。光绪二十九年（1903年）修复，这其间，由于政府财政吃紧，颐和园的不少建筑都缩小了体量。清帝退位之后，国内军阀混战，颐和园又屡遭破坏，直到1949年中华人民共和国建立之后，才得到妥善的保护。

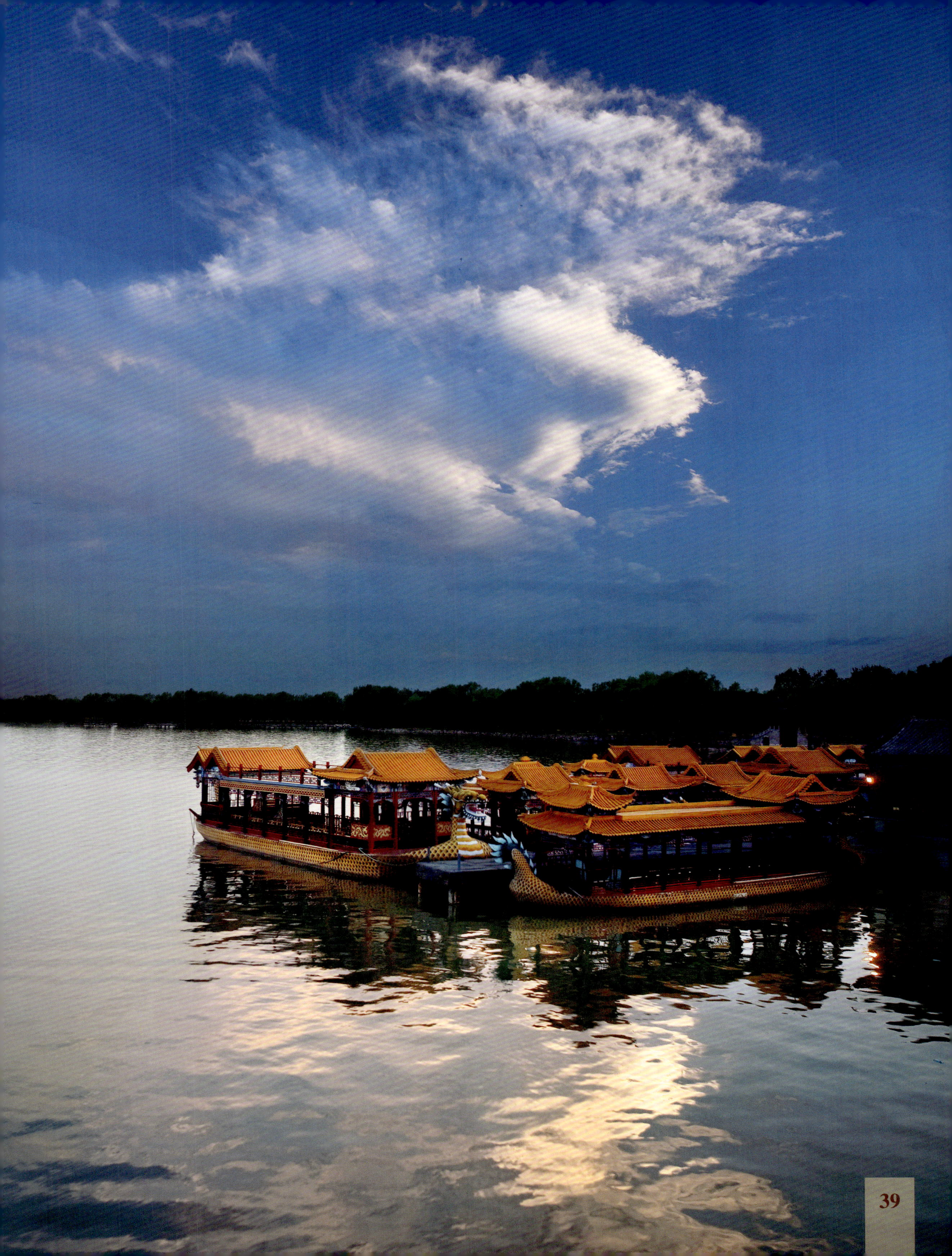

颐和园主要由万寿山和昆明湖两部分组成，水面占四分之三，在今天的北京，是难得的大片湿地。以佛香阁为中心，园中共有风景建筑物百余座，大小院落 20 余处，共有不同形式的建筑 3000 多间，亭、台、楼、阁、廊、榭，一应俱全，更有古树名木 1600 余株。佛香阁、长廊、石舫、苏州街、十七孔桥、谐趣园、大戏台等，都是家喻户晓的代表性建筑。

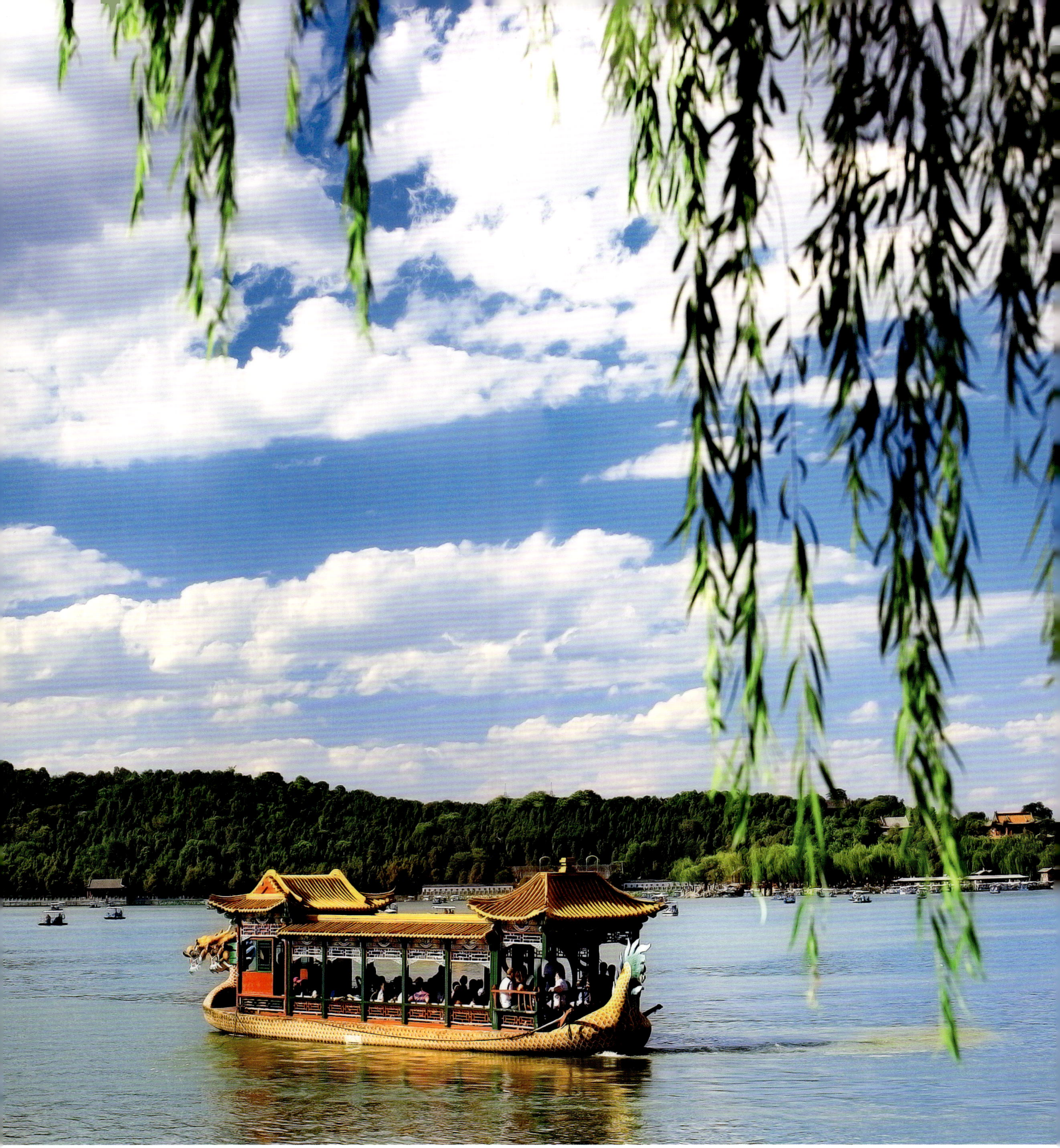

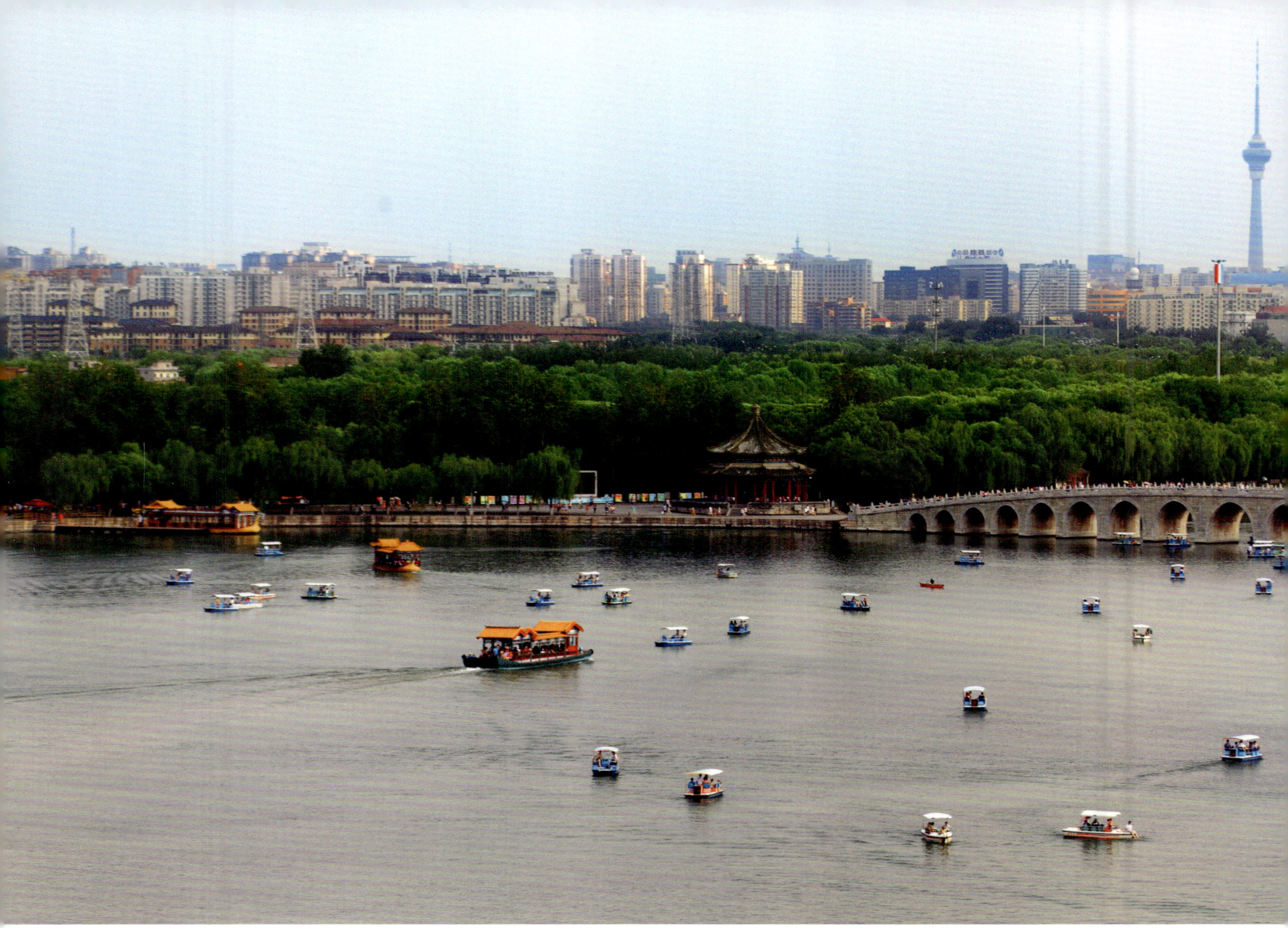

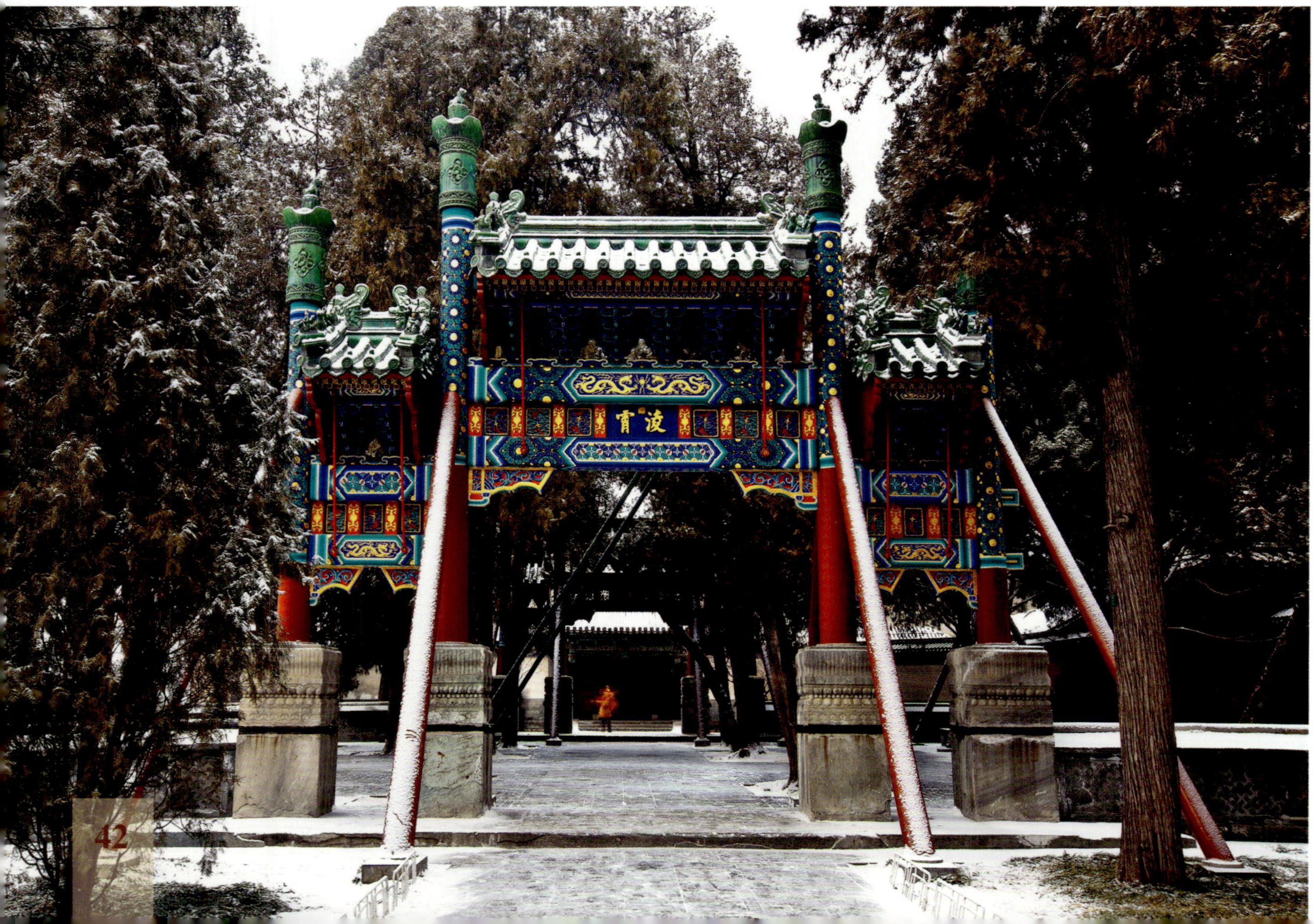
凌霄

十七孔桥，连接着昆明湖岸与南湖岛，岛上有"凌霄"匾额，喻示仙境之意。岛内有龙王庙一座，是修建颐和园时特意保留的老庙，传说皇室祈雨，常有灵验。慈禧太后游湖，也常常到此进香。

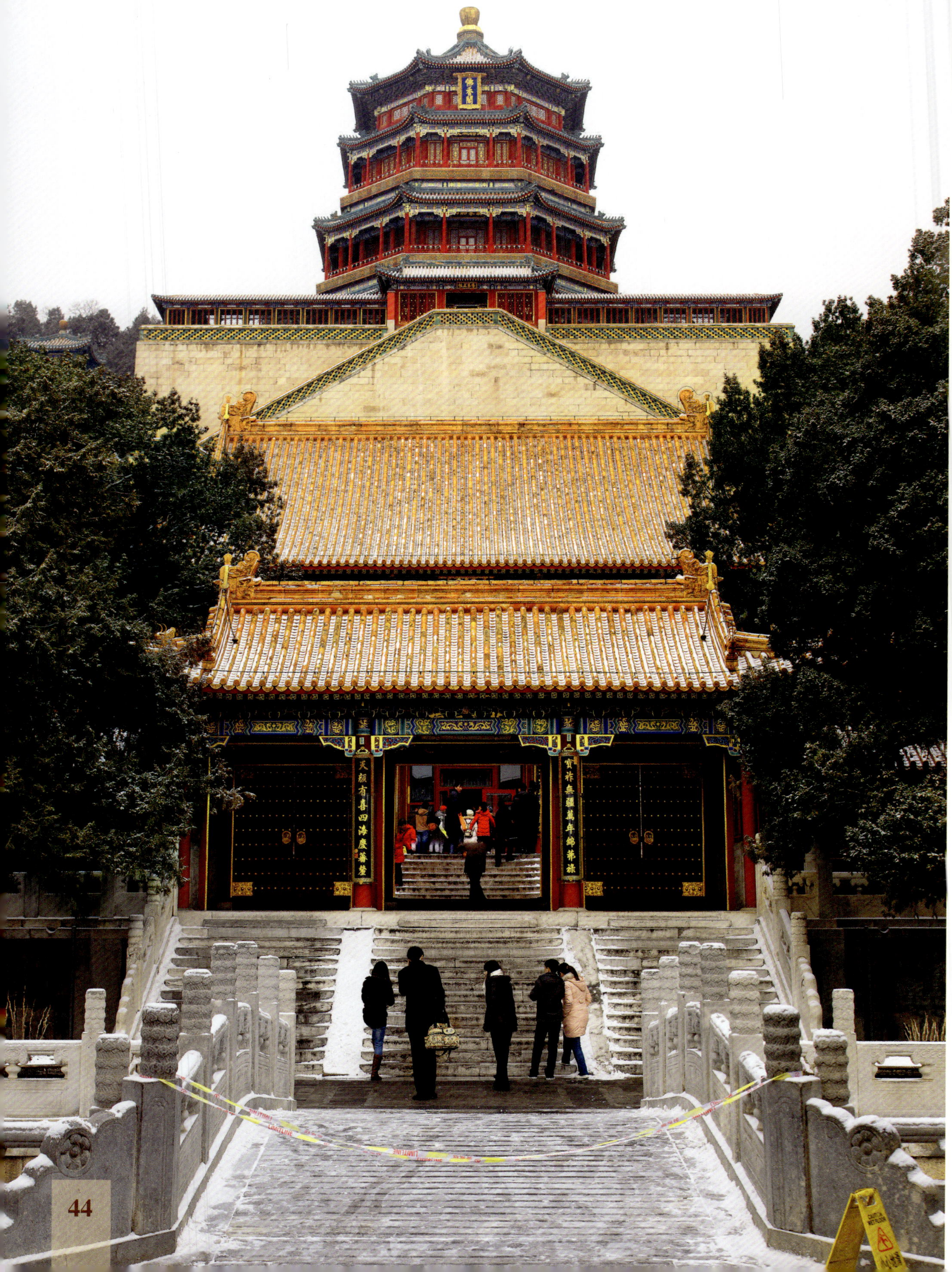

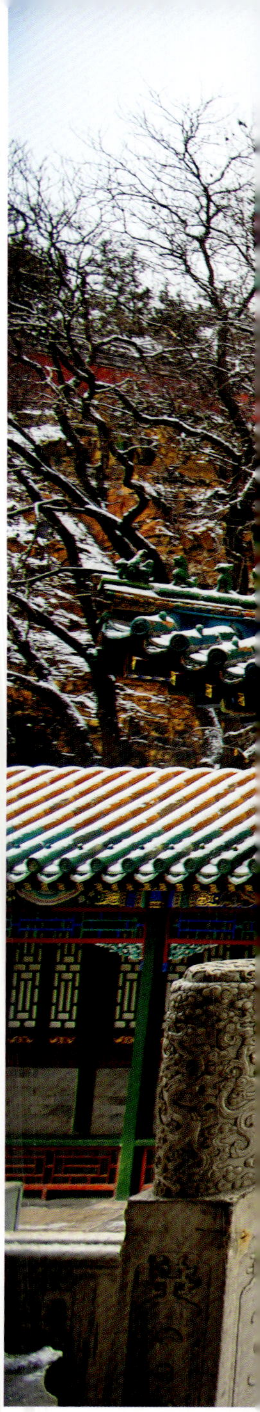

如果从功能上分，颐和园的主要景点可以分为三个区域：以乐寿堂、玉澜堂、宜芸馆等庭院为代表的生活区；以庄重威严的仁寿殿为代表的政治活动区；以万寿山和昆明湖等组成的风景游览区。

1961 年 3 月 4 日，颐和园被列为第一批全国重点文物保护单位，1998 年 11 月，被列入世界遗产名录。

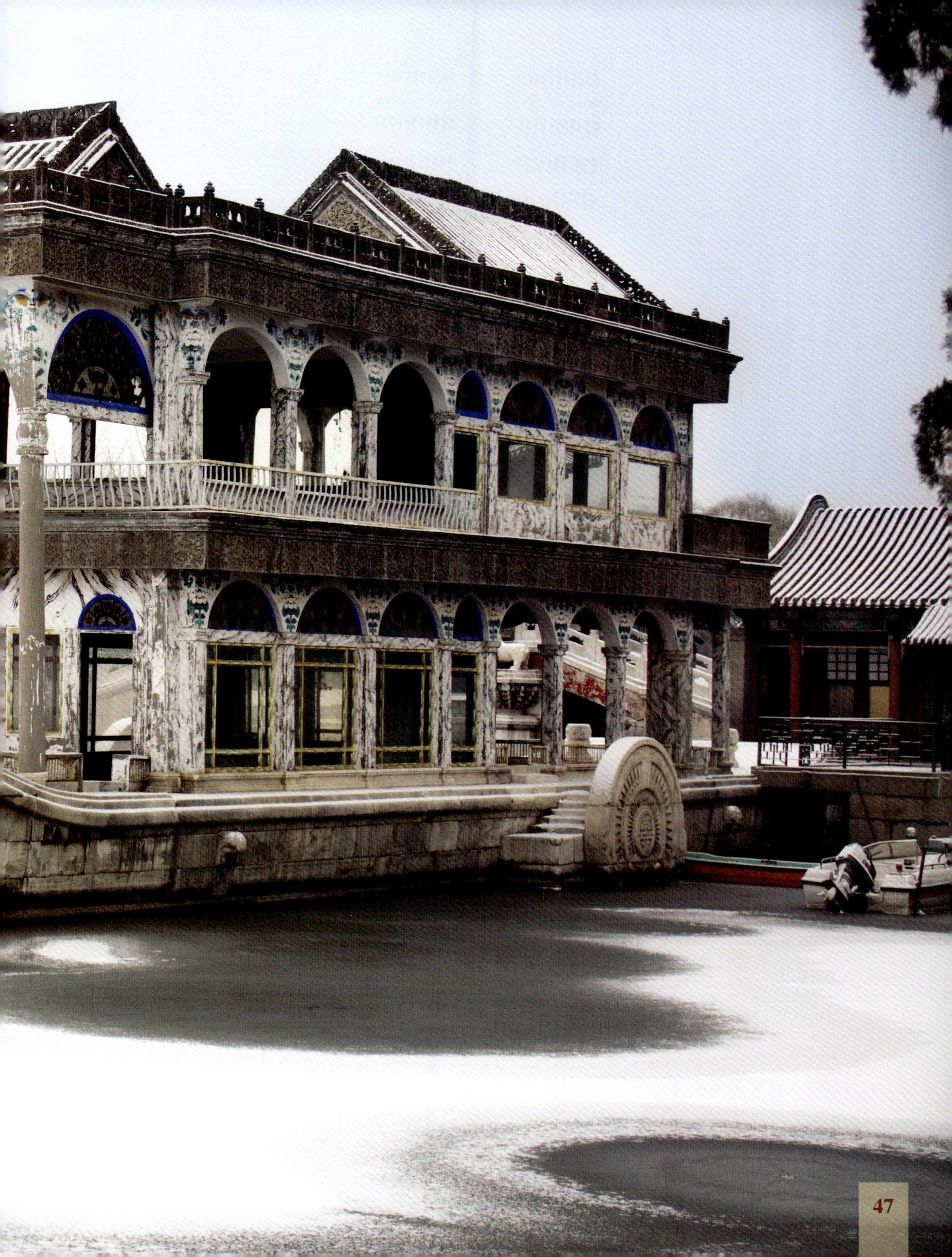

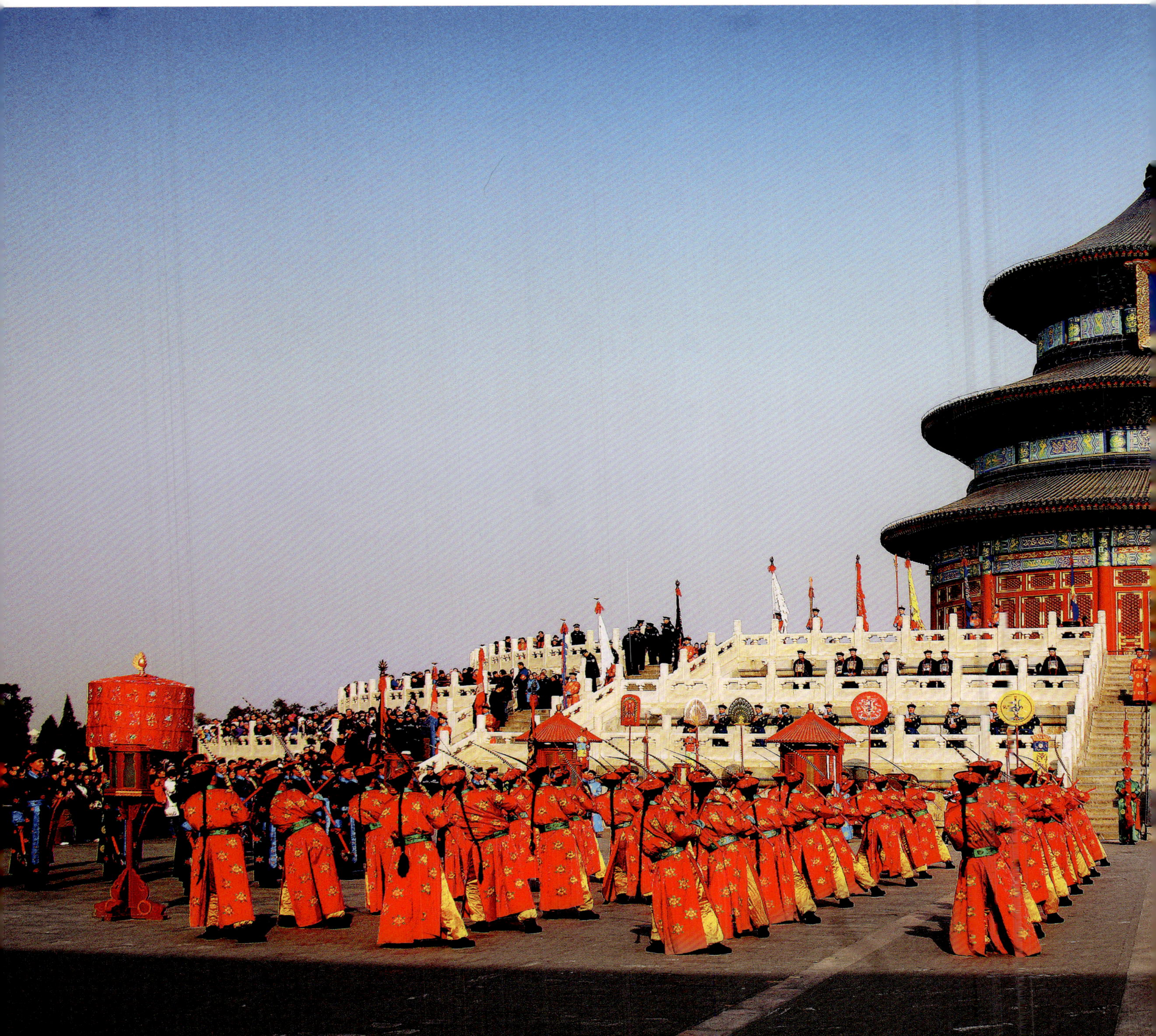

天坛是明清两代皇帝祭祀上天的场所。上天，也就是"皇天后土"中的皇天，皇天代表运动，后土代表承载，两者和合，则万物生发，这是中国古人对大自然和生命的认识。

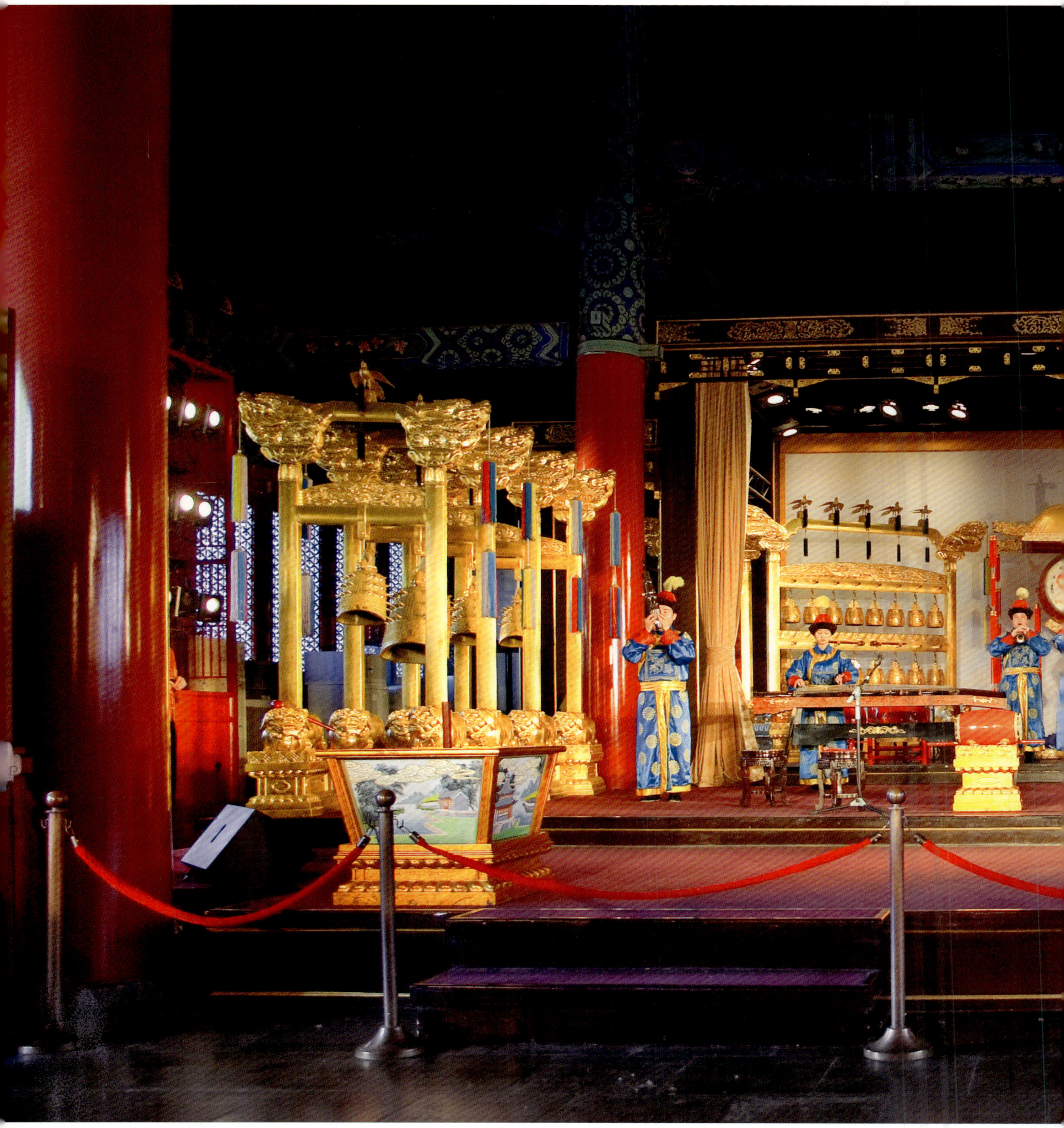

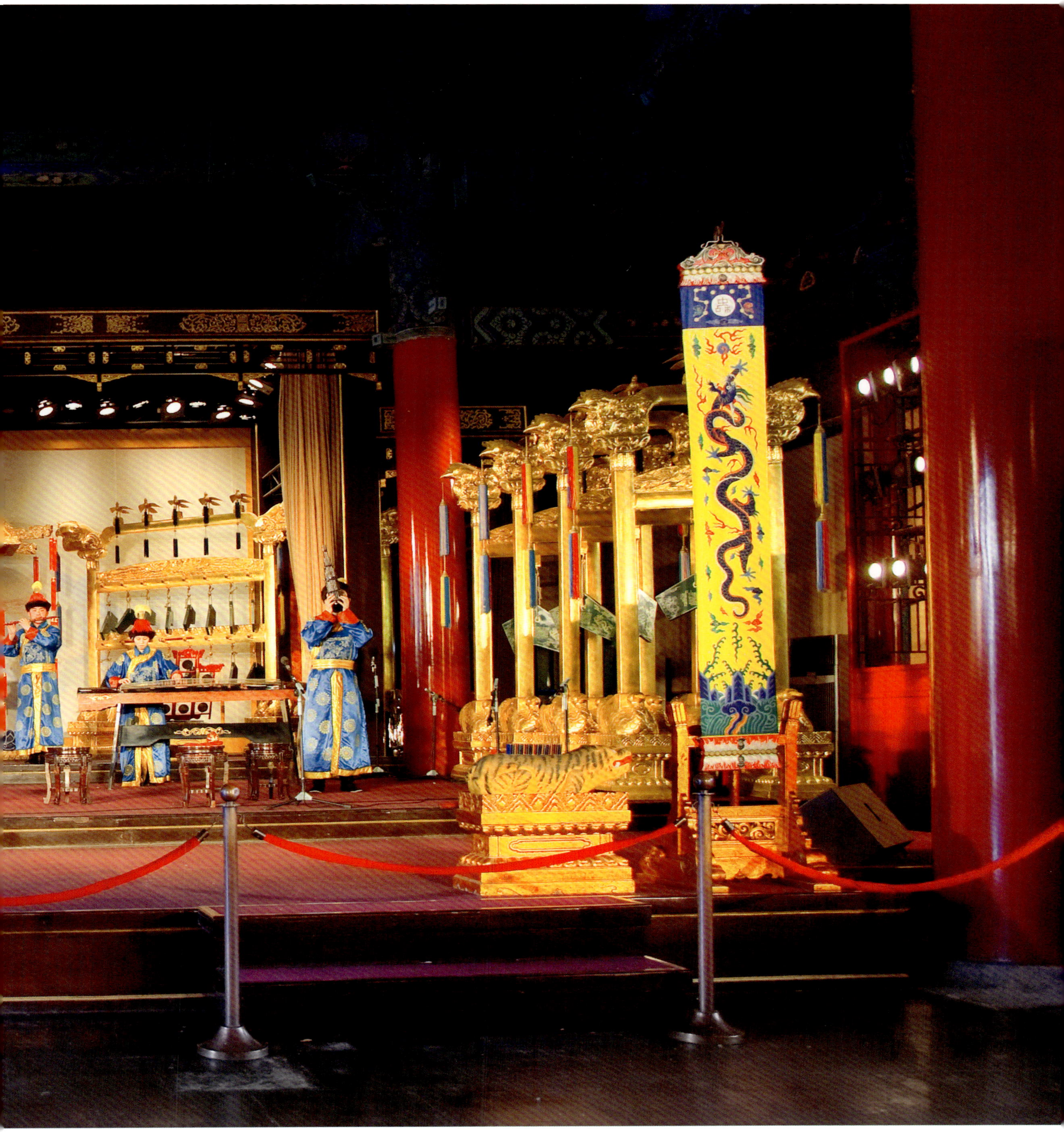

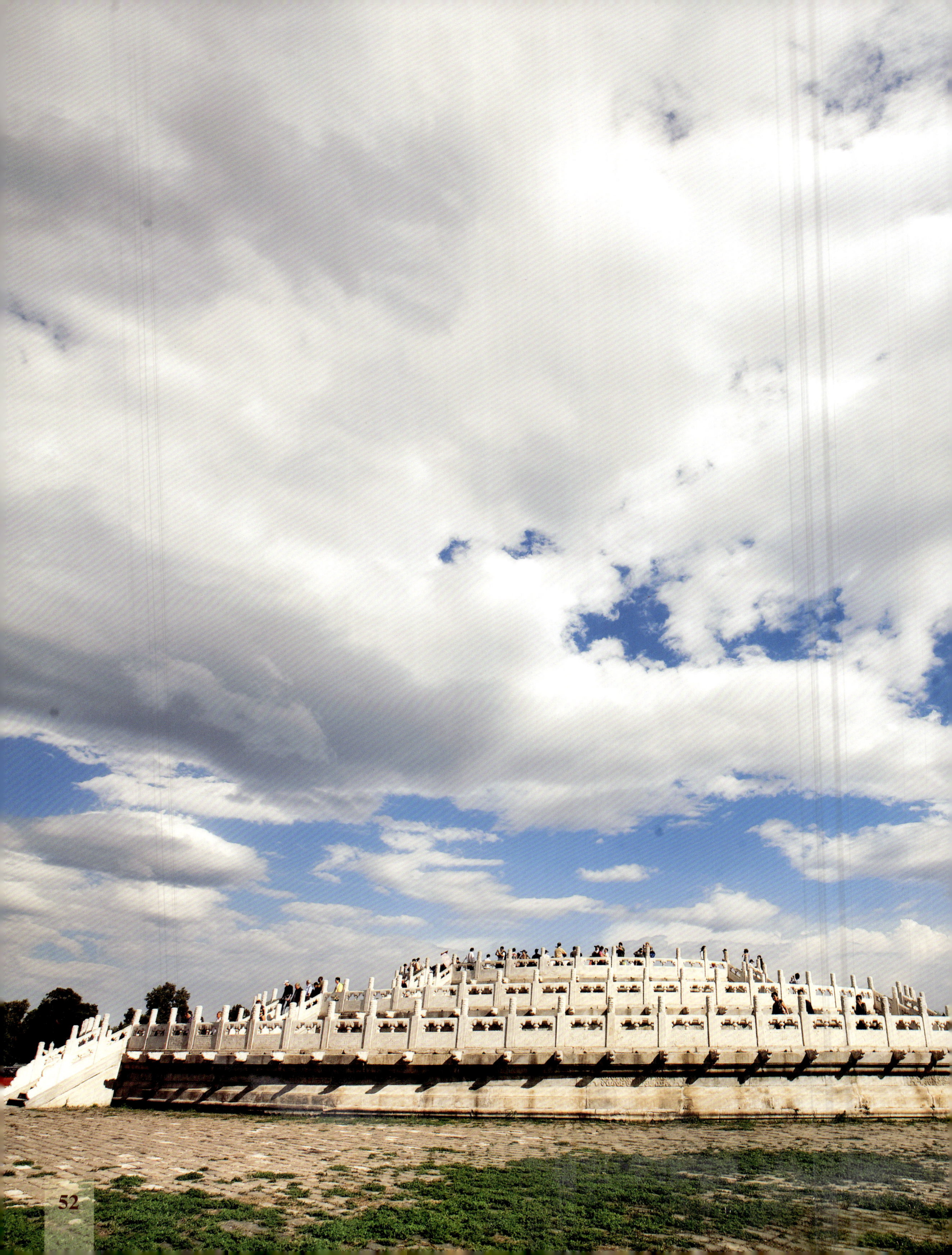

天坛始建于明永乐十八年（1420年），后经不断改建和扩建，至清乾隆年间形成今天的规模。天坛公园现有273万平方米，分为内、外两坛，内坛由圜丘、祈谷坛两部分组成，一条360米的丹陛桥连缀两坛。

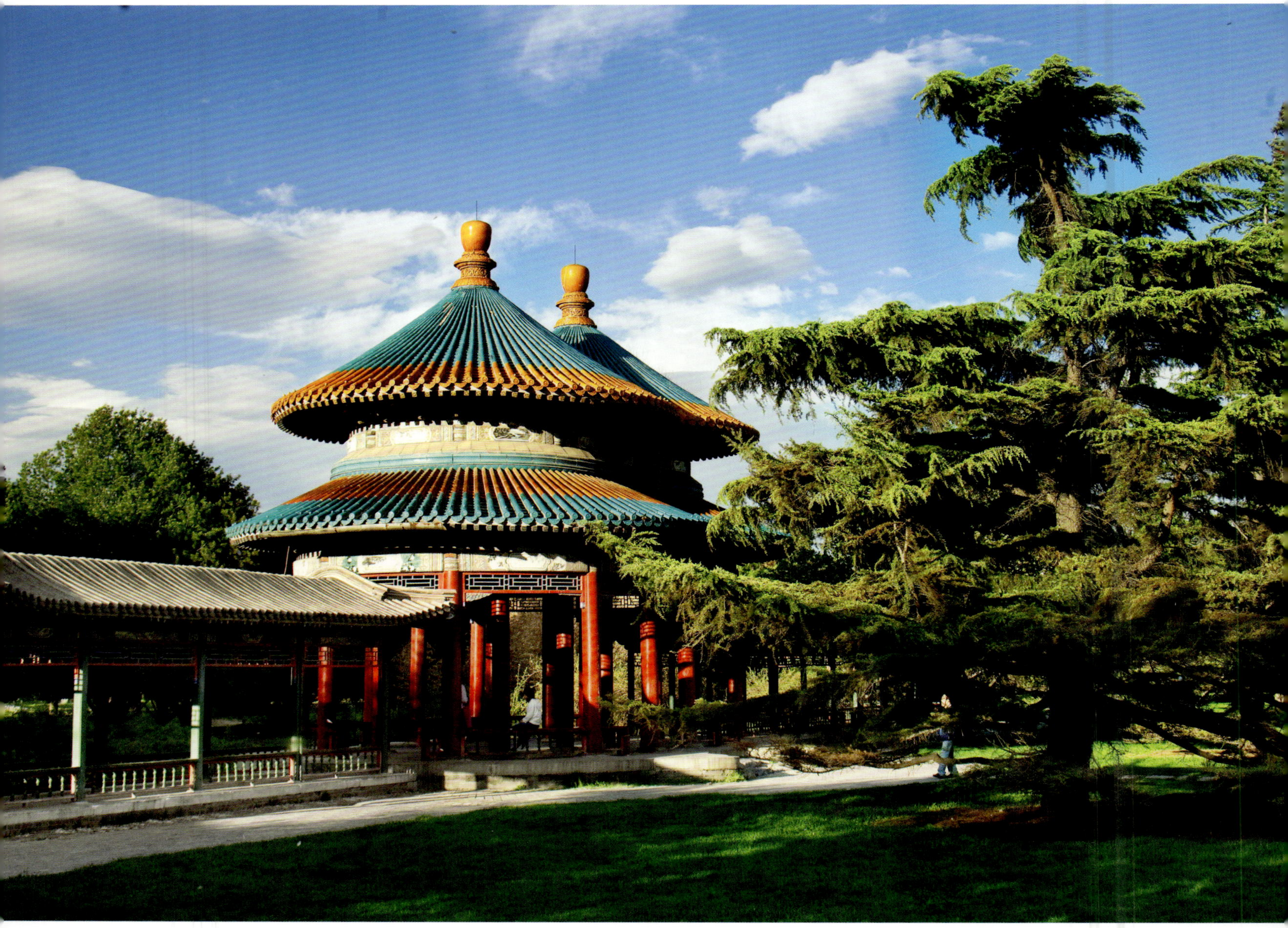

宏伟的建筑、丰富的文物收藏、苍翠的松柏古槐使得天坛整体环境森然静谧，气氛肃穆庄严。天坛是建筑和景观设计之杰作，它以"天圆地方"的主题，形象地表达了中国古人的宇宙观。1998年，联合国教科文组织世界遗产委员会将天坛列入了世界遗产名录。

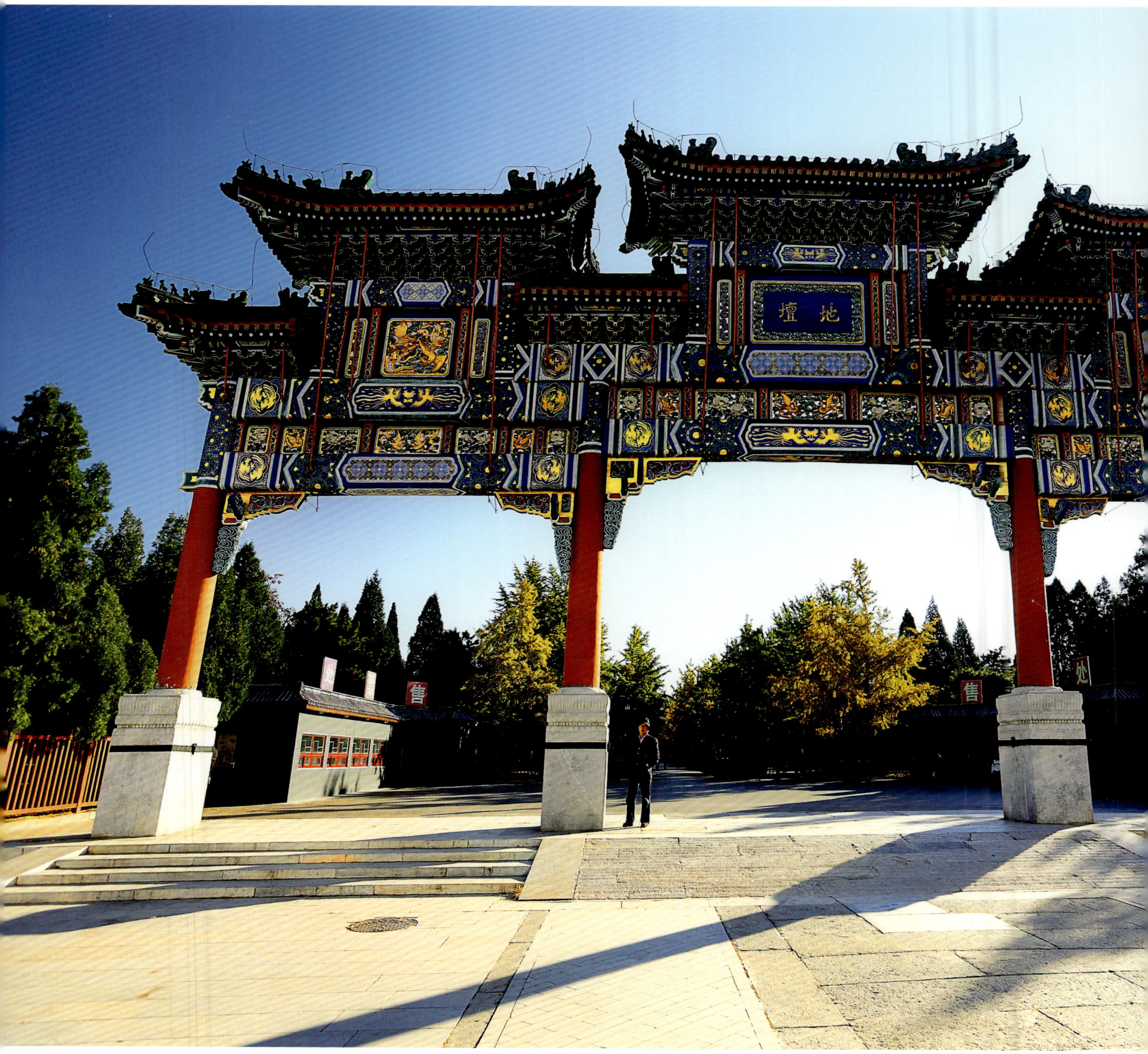
地壇
售
售
处

地坛，古称方泽坛，始建于明代嘉靖九年（1530年），是明清两代帝王祭祀皇地祇神的场所。皇地祇就是"皇天后土"中的后土，代表大地厚德载物的德性。地坛为方形，象征着"天圆地方"，坛台四周围绕泽渠，故称方泽坛。

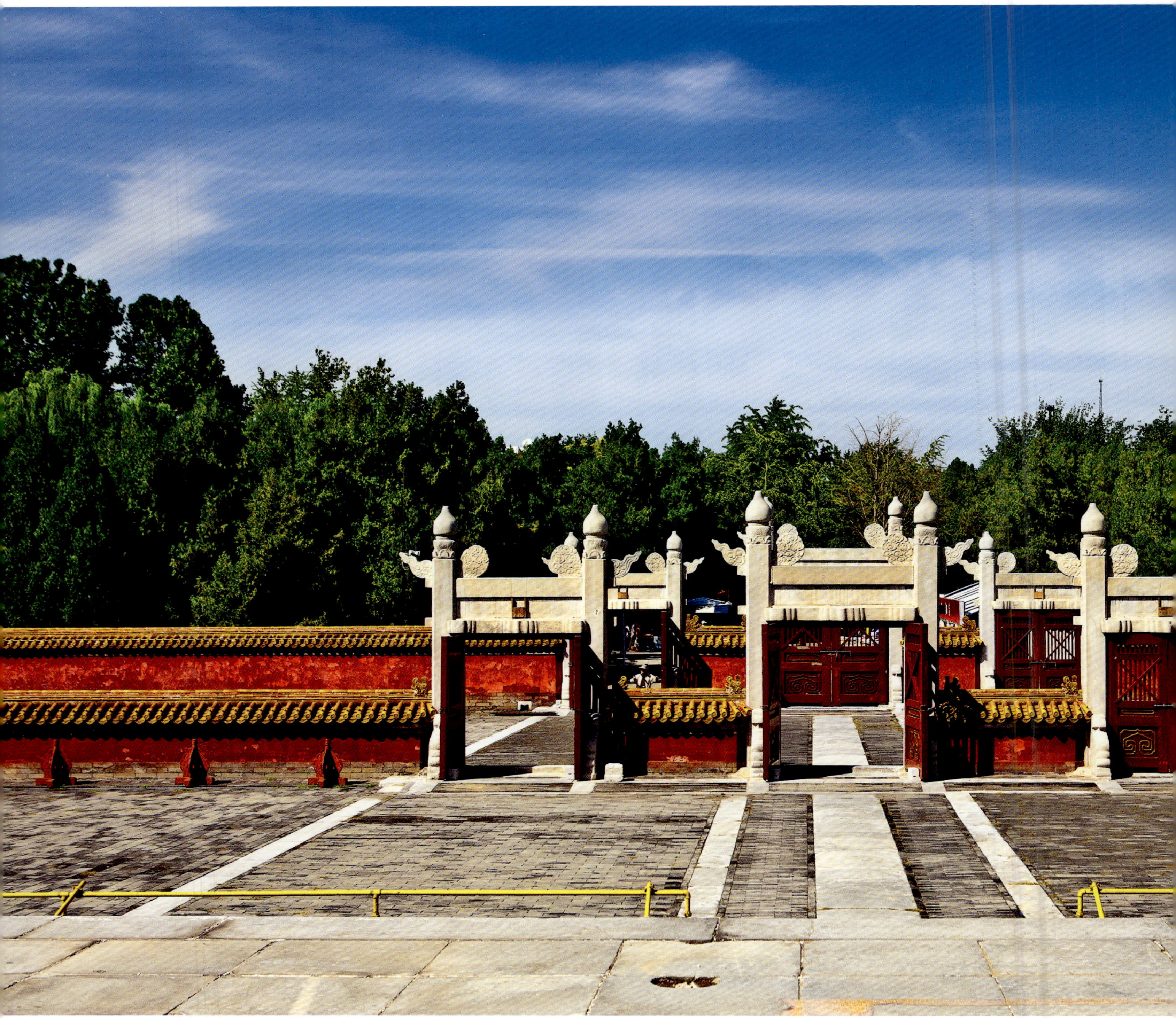

地坛总面积37.4万平方米，中心坛台分上下两层，四面各有棂星门。下层坛台南半部东西两侧各有一座山形纹石雕座，祭祀时，供奉五岳、五镇、五陵山之神位；北半部东西两侧各有一座水形纹石雕座，供奉四海、四渎之神位。

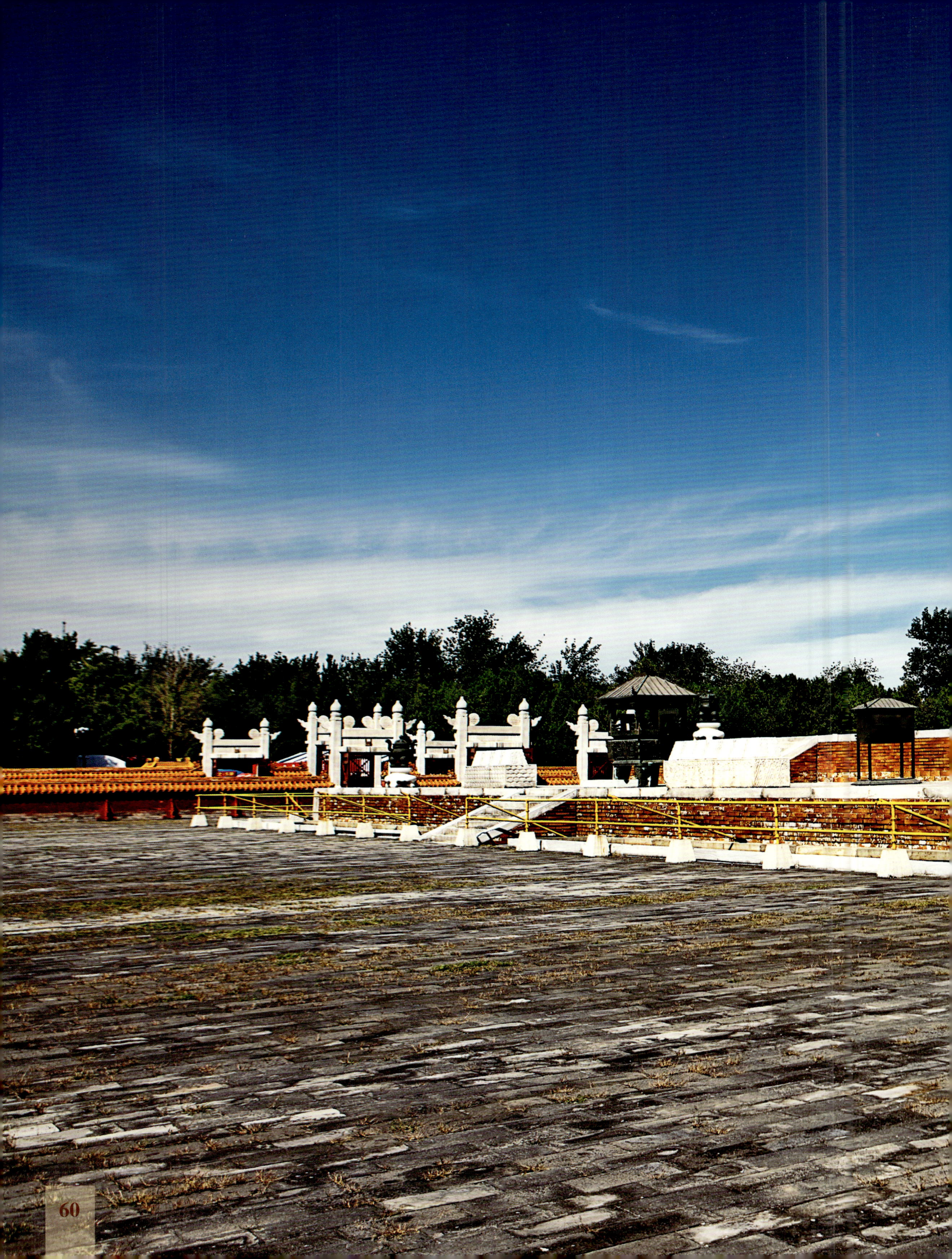

地坛是古都北京五坛中的第二大坛，也是我国现存最大的祭地之坛。整个建筑体现出我国古代天青地黄、天南地北、龙凤乾坤等传统观念。1957年，地坛改建为地坛公园。现存有方泽坛、皇祇室、宰牲亭、斋宫、神库等建筑，并展有大量的珍贵文物。

北京作为七朝古都，建筑格局十分缜密，一条长达约8000米、由建筑构成的中轴线贯穿南北，成为北京文化的提纲之领。北京中轴线南起永定门，北至钟鼓楼，汇集皇城建筑的精髓，见证着朝代兴衰而容颜不改。建筑大师梁思成赞美说："一根长达八公里，全世界最长，也是最伟大的南北中轴线穿过全城。北京独有的壮美秩序就由这条中轴的建立而产生。"

老北京城分为内城、外城，所谓"内九外七"，是说总共有16座城门。永定门正是外城的城门，寓意"永远安定"，是老北京外城的南门，也是外城7座城门中最大的一座，永定门始建于明嘉靖时期，共跨越了明清两代。永定门于1957年被拆除，2004年重建。

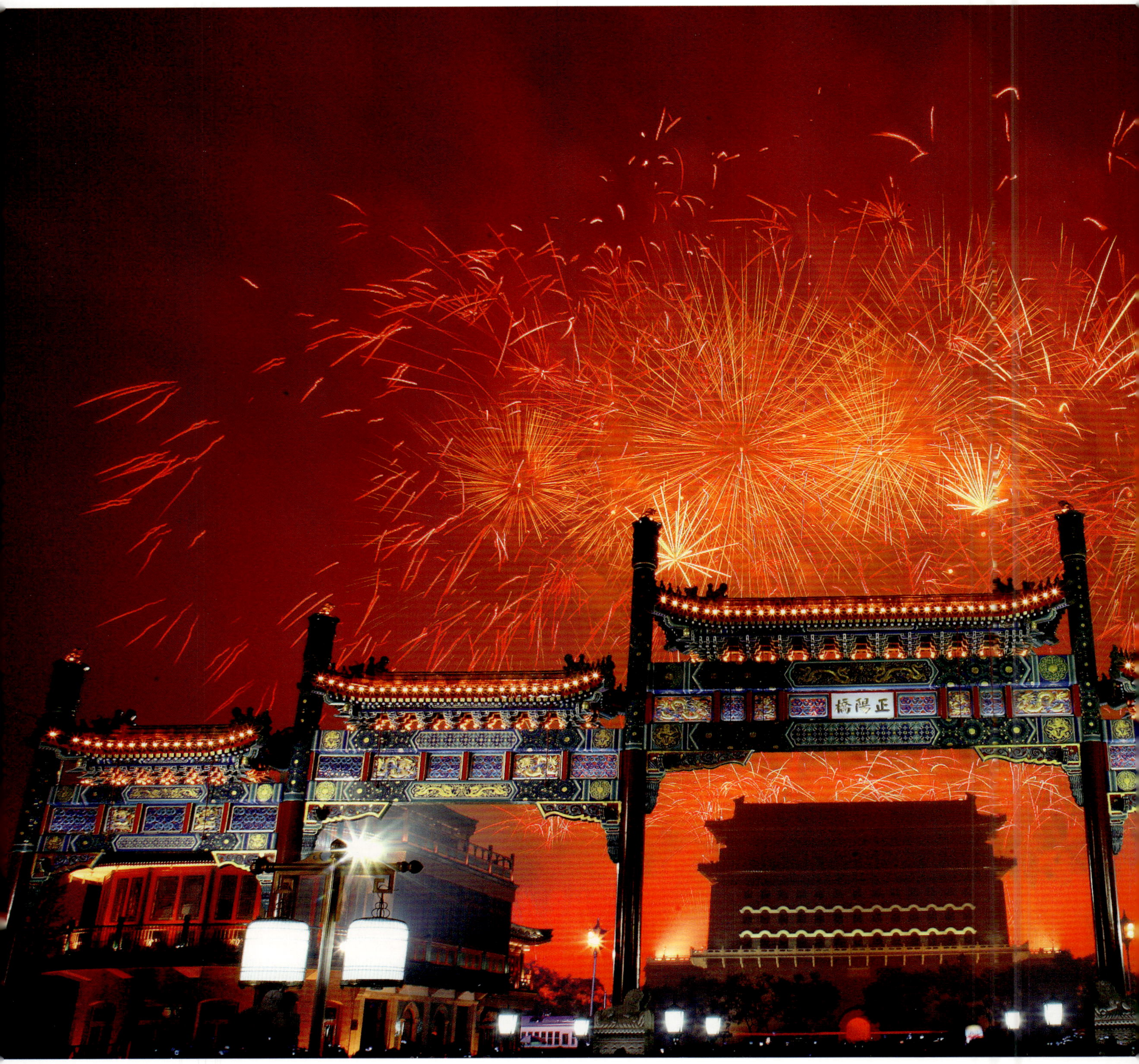
正陽橋

从永定门往北，就是内城的南门——正阳门，俗称前门。前门包括箭楼和城楼，中间有瓮城墙连接，但后因修路分割开来。而前门大街北起正阳门箭楼，南至天桥路口，当年曾是皇帝出城去往天坛的御路。

自前门往北，穿越巨大的广场，跨过外金水桥，就来到了中华人民共和国的象征性建筑——天安门。天安门在明代称承天门，清代定名为天安门。天安门总高 33.7 米，整个建筑的底座是汉白玉石建成的须弥座，座上有高 10 米的红色墩台，墩台用的大砖重达 43 千克。墩台上才是城楼大殿，东西宽九间、南北深五间，符合"九、五"之数，象征着帝王的"九五"之尊，至高无上。1949 年 10 月 1 日，在天安门举行了中华人民共和国的开国大典，它的形象被设计入国徽，成为中华人民共和国的象征之一。今天，天安门城楼向大众开放参观。

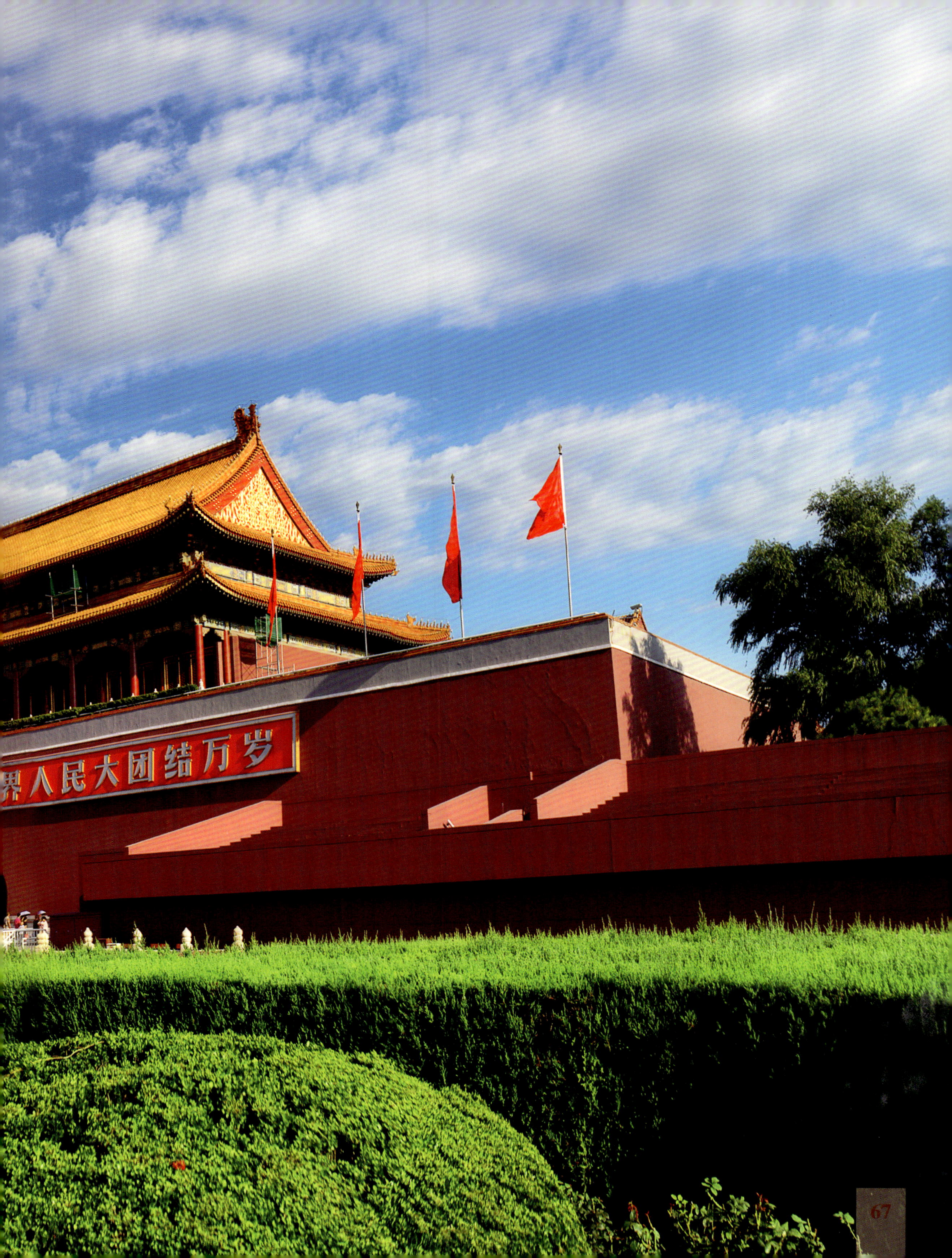
界人民大团结万岁

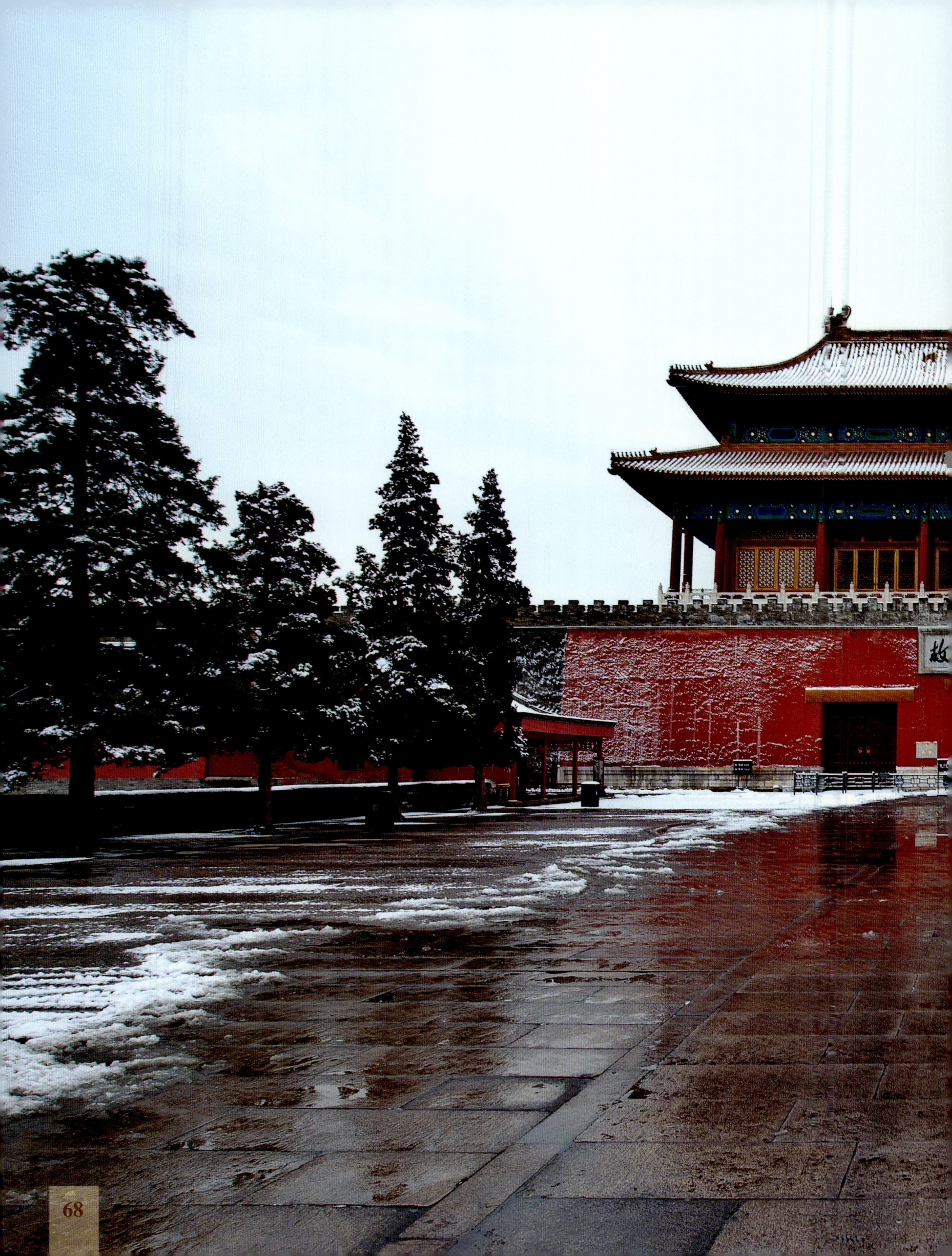

穿过天安门，就是皇帝居住和办公的紫禁城了，现在已经成为故宫博物院。

走出故宫北门，就来到景山公园。景山的高度不高不低，恰好可供人们俯瞰北京。景山最高处的万春亭，也是北京中轴线的最高点。传说每到重阳，明朝皇帝都会登临景山观全北京之景。实际上，景山也是整个北京的几何中心，从明代至今，不曾偏移。

71

北京中轴线最北端，就是钟鼓楼。钟楼在北、鼓楼在南，两楼前后纵置、气势雄伟。钟鼓楼始建于元至元九年（1272 年），为元、明、清三代京城的报时中心，钟楼高 47.9 米，鼓楼高 46.7 米，具有极高的建筑艺术价值。

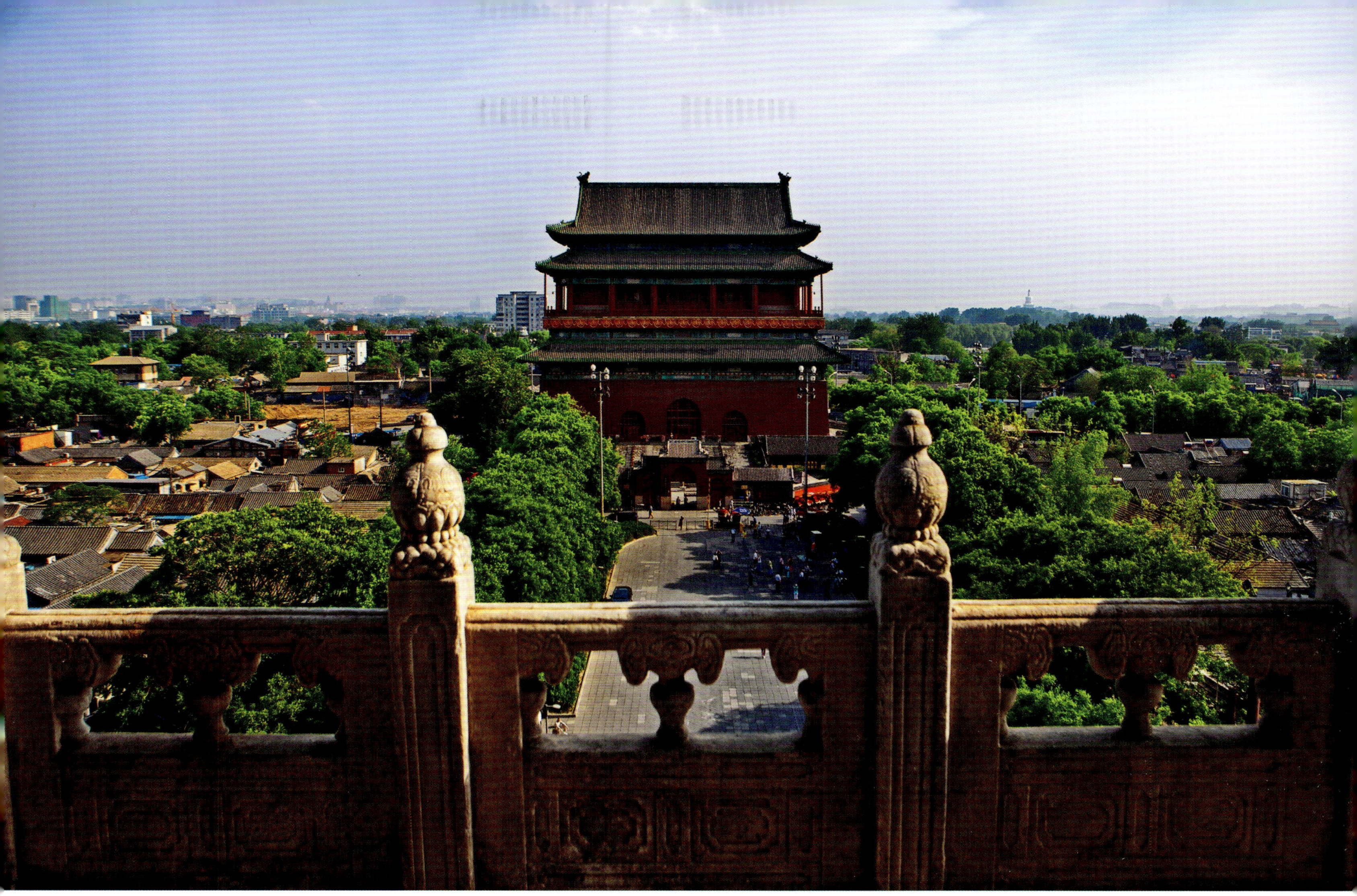

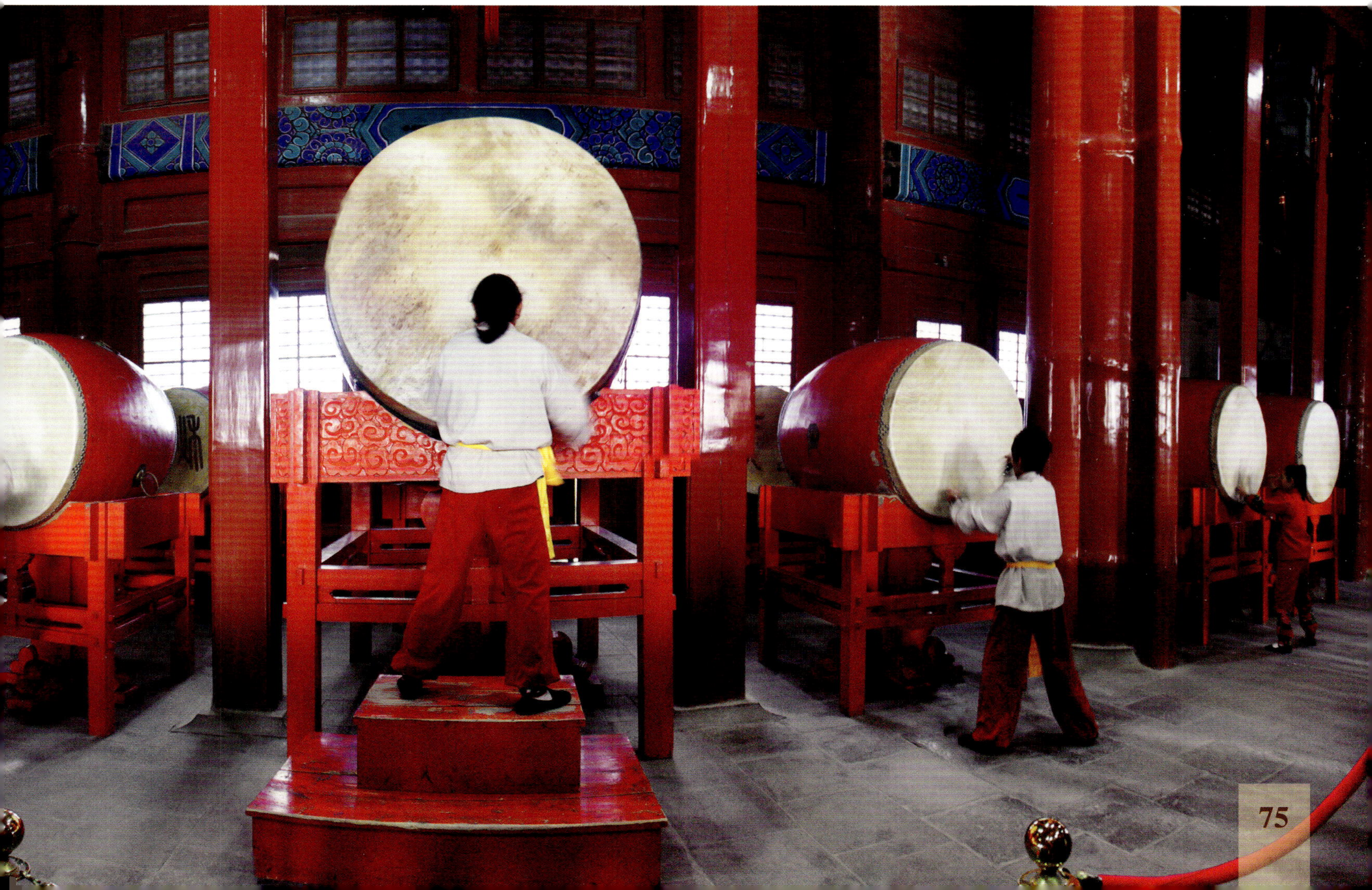

香山是北京西郊名山，距市区25千米，面积160万平方米，顶峰形如香炉，海拔575米，名香炉峰，因此这一带也就被称为香山。香山成为皇家园林始于金代。1186年，金代皇帝在这里修建了大永安寺，又在寺旁建行宫。此后，历代都对香山的园林进行扩建，到清乾隆十年（1745年），定名为静宜园。

香山上原有一些枫树，乾隆年间，又在香山上栽植了大量的黄栌树，经过200多年的衍生发展，形成了独具一格的黄栌树林区。每至秋日，漫山遍野的黄栌树叶红得像火焰一般，霜后甚至呈深紫红色，构成了上万亩的彩色山景，层林尽染。这是北京最美的秋色。

看香山红叶，最佳的位置在玉华岫。玉华岫位于香山中麓，为静宜园二十八景之一，建于清乾隆十年（1745年）。现存的是20世纪末的重建品。玉华岫附近视野开阔，一眼可望尽山色。

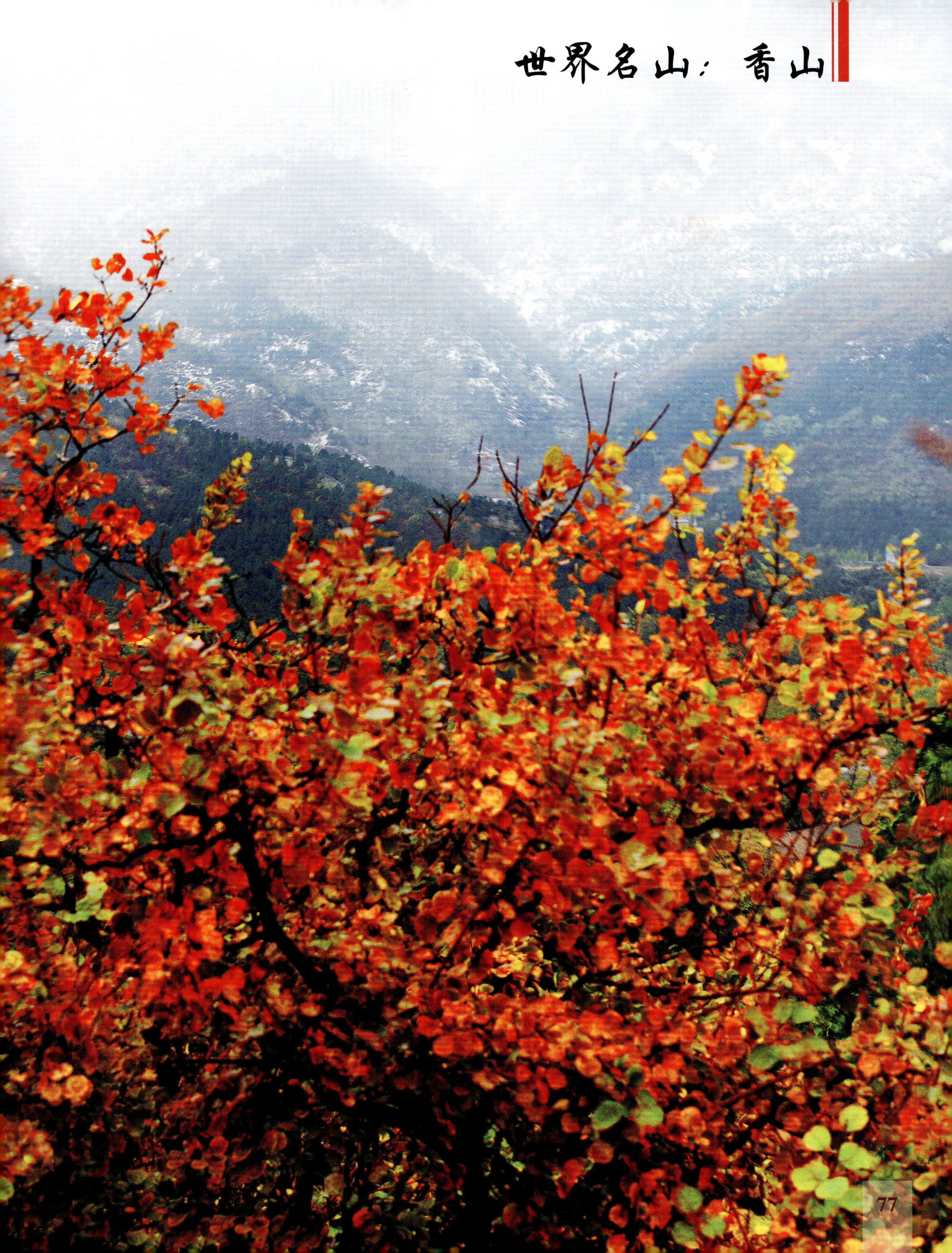

从香山公园东门走入，迎面便是勤政殿。勤政殿始建于清乾隆十年（1745年），是典型的皇家建筑。清代皇帝来到香山静宜园休憩，就在这里接见大臣，处理朝政。勤政殿是静宜园二十八景的首景，1860年被英法联军焚毁，2002年在原址上得以复建。

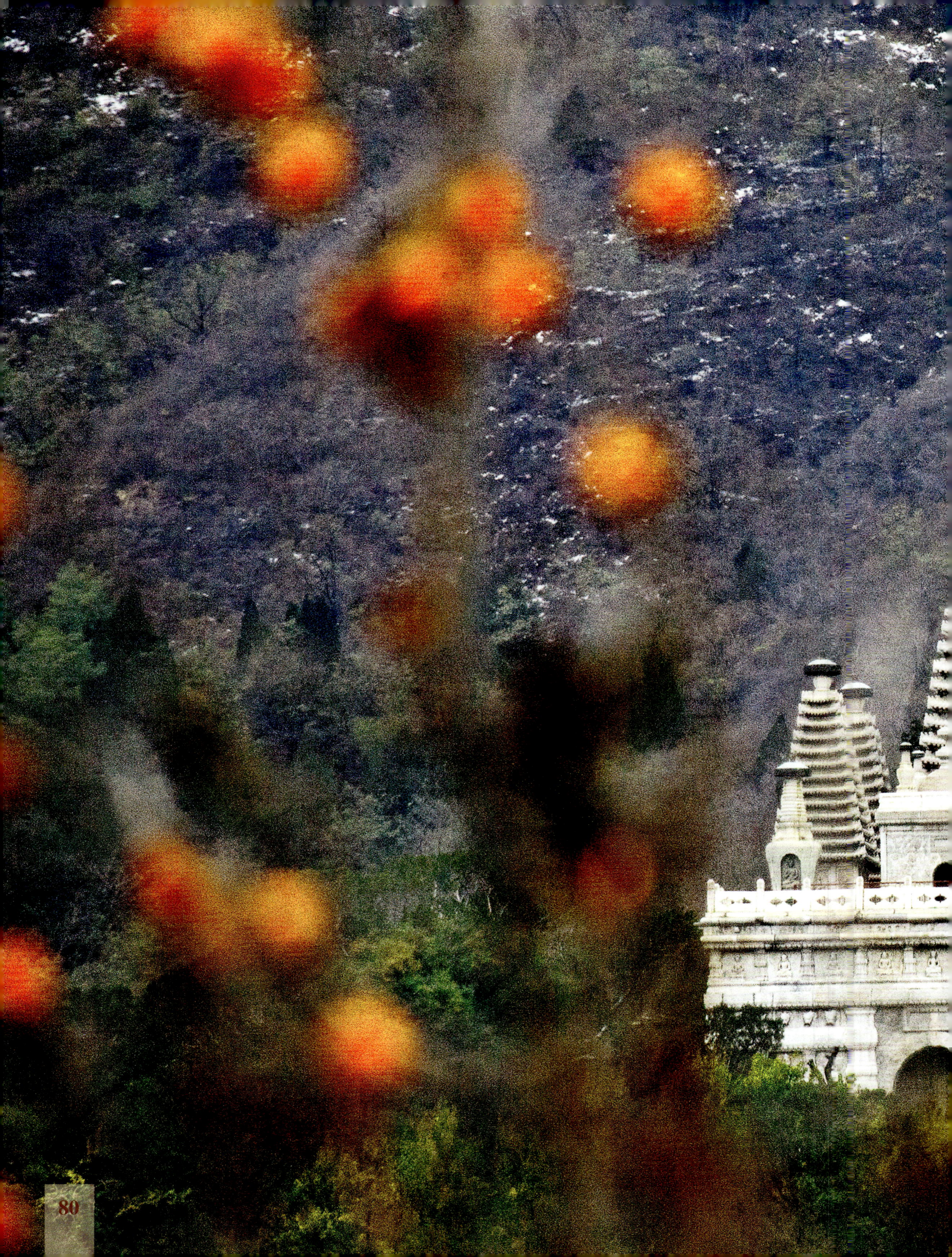

香山公园北部有碧云寺，是北京著名的皇家寺院之一。碧云寺依山而建，坐西朝东，中轴线上有六进院落，构成寺院主体，南北各配一组院落。各种殿堂依山层层叠起，深具佛教山林寺院之美。

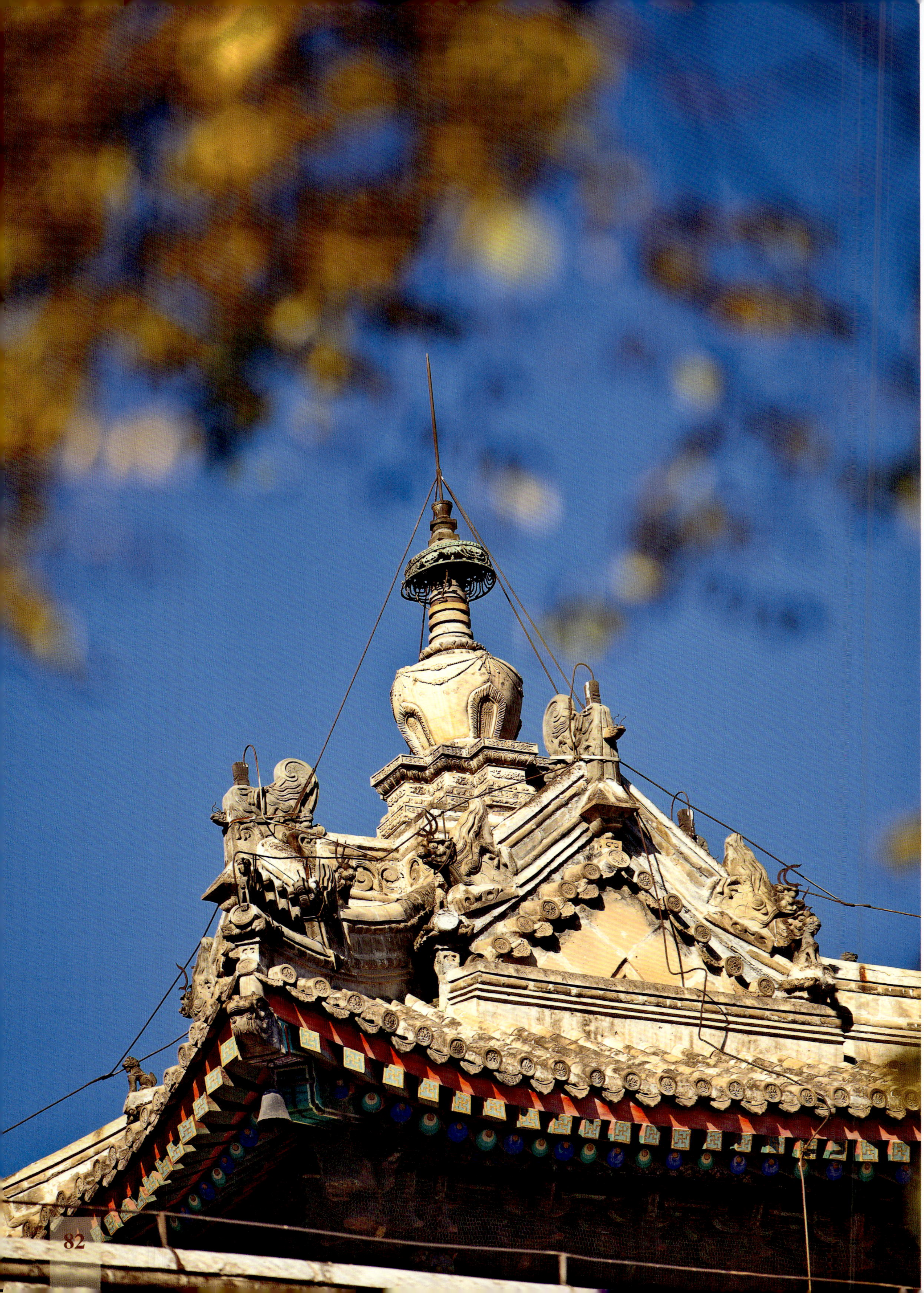

碧云寺塔院极有风采，其中的金刚宝座塔高347米，最下端为塔基，呈方形，用虎皮石包砌，两侧设有石雕护栏。塔基上有宝座，宝座上安放佛塔，所用材质为汉白玉。塔的四边还雕刻有藏传佛教的传统佛像。塔院的建筑体现出藏传佛教对清王朝的深刻影响。

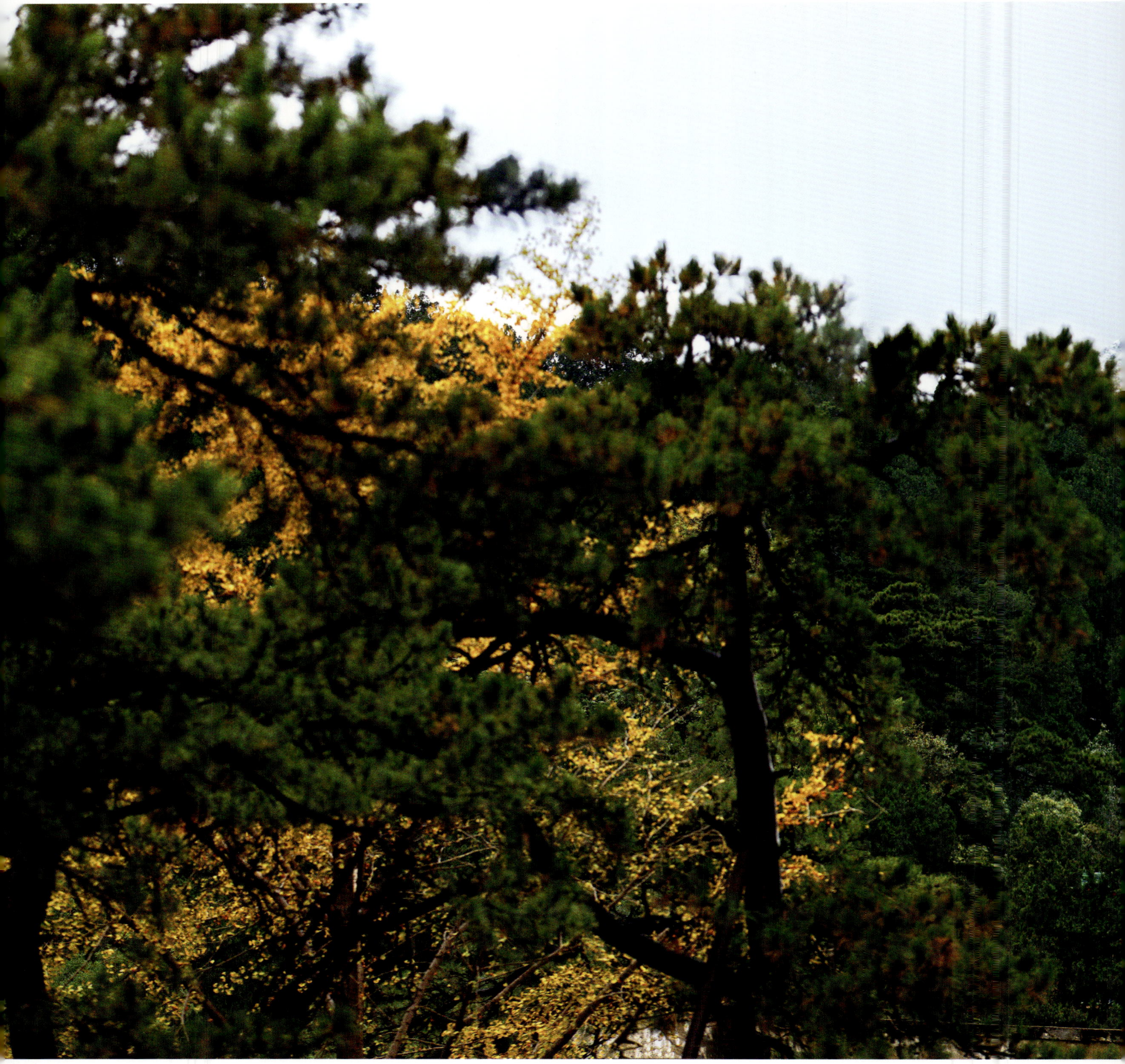

北京西郊山脉连绵，统称西山，而香山正是其中之一。西山的雪景极好，山雪接天色，有人间仙境之感。乾隆皇帝对西山雪景有很高的评价，特意在香山的山腰立碑一座，上书"西山晴雪"。从此，西山晴雪成为燕京八景之一。

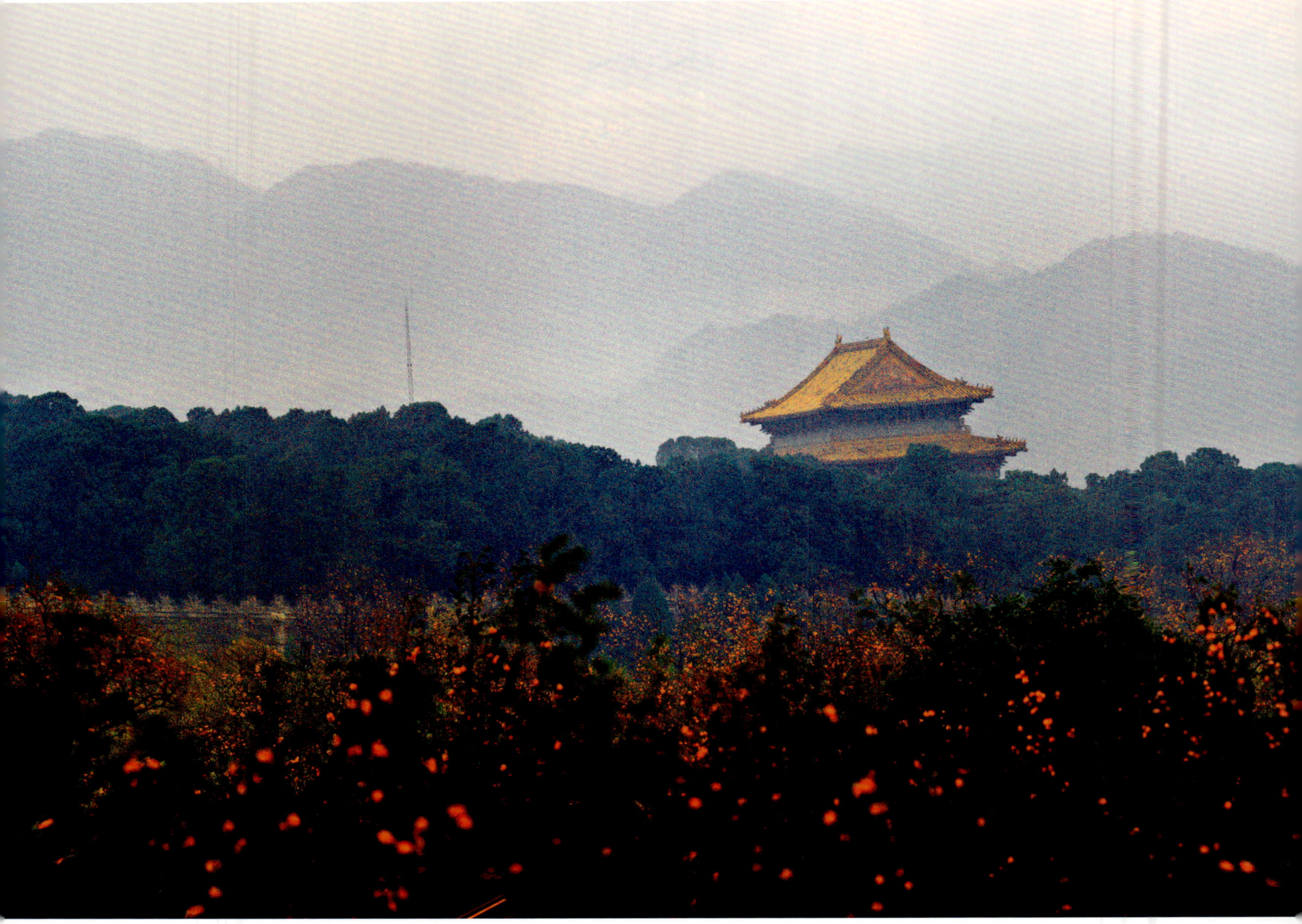

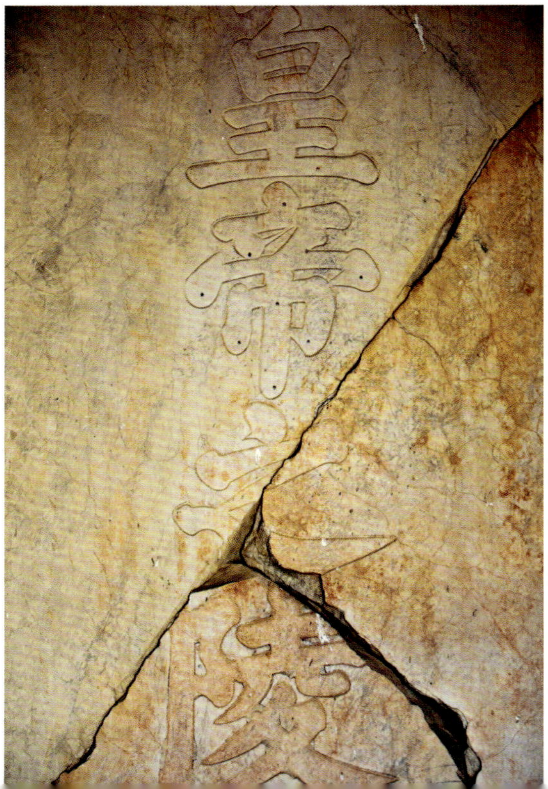
皇帝

　　明十三陵坐落于天寿山麓，始建于明永乐七年（1409年），是明代历朝皇帝的墓园，距离北京城约50千米。600年沧桑岁月，明十三陵的主体得到了保存，成为中国乃至世界现存规模最大、帝后陵寝最多的皇陵建筑群。

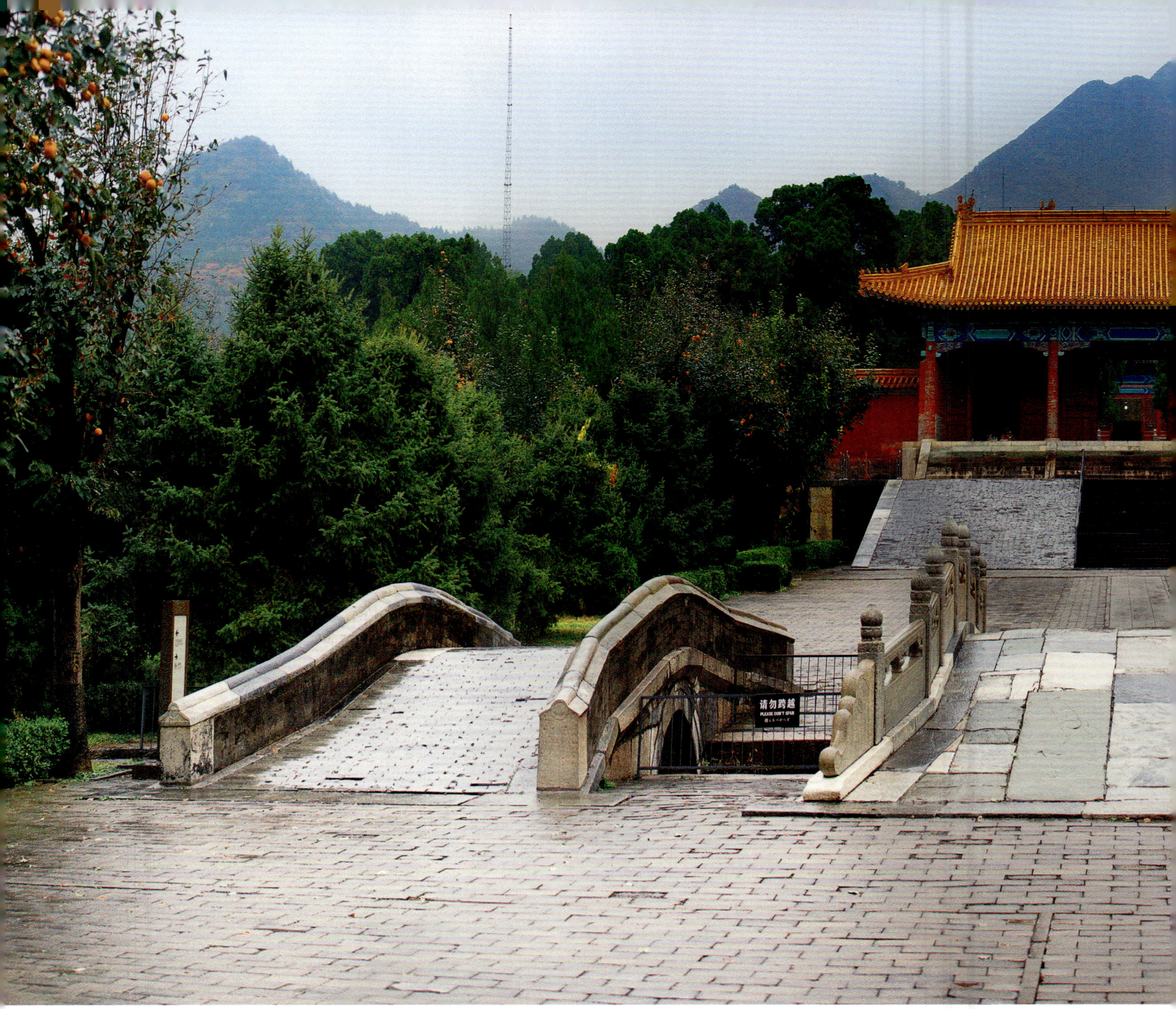
请勿跨越
PLEASE DON'T SPAN

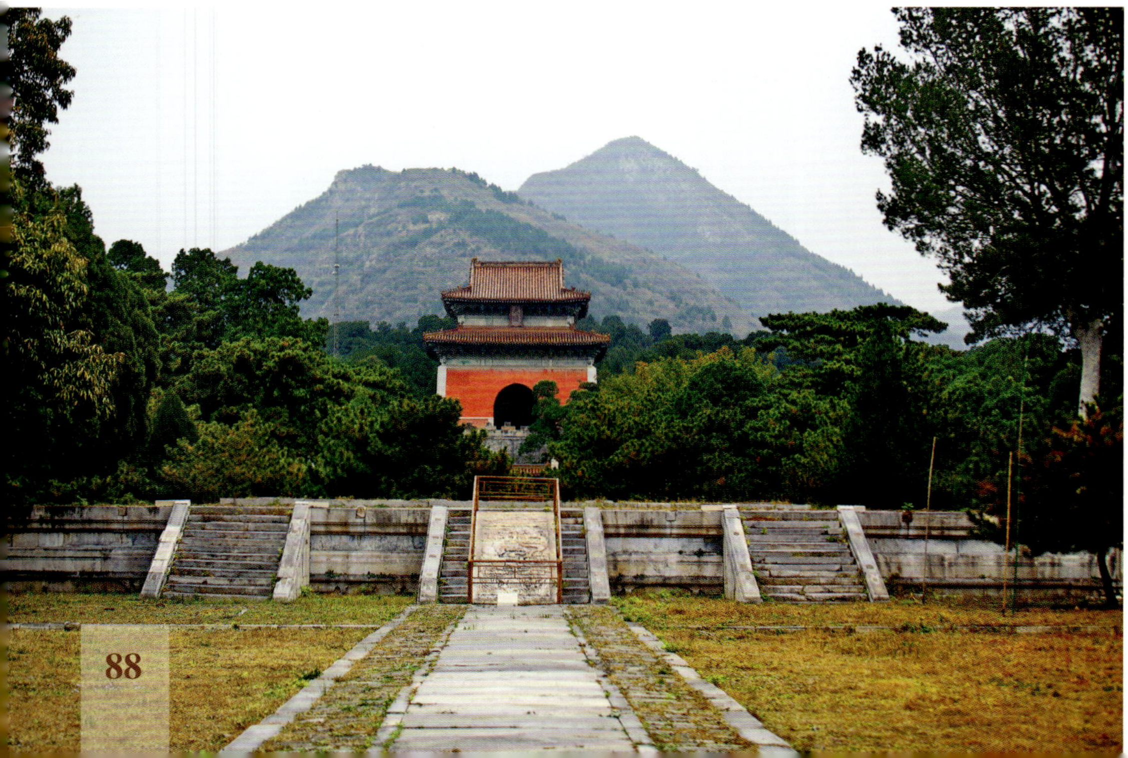

明十三陵包括13座皇帝的陵寝，它们依山而筑，分别坐落在东、西、北三面的山麓上，总体上是一个环抱南面的小盆地，周围群山环抱，前有小河曲折蜿蜒。这在中国古人看来，是背山面水的绝佳的陵园"吉壤"。

13座皇帝陵园，彼此联系又相互独立，且陵墓规格大同小异。以长陵为中心，陵与陵之间彼此拉开一段距离，最多达到8千米。十三陵的设计和建造遵从"天造地设"、"天人合一"的思想，注重建筑与山川、水脉和植被的协调，因此整体上与自然融为一体。

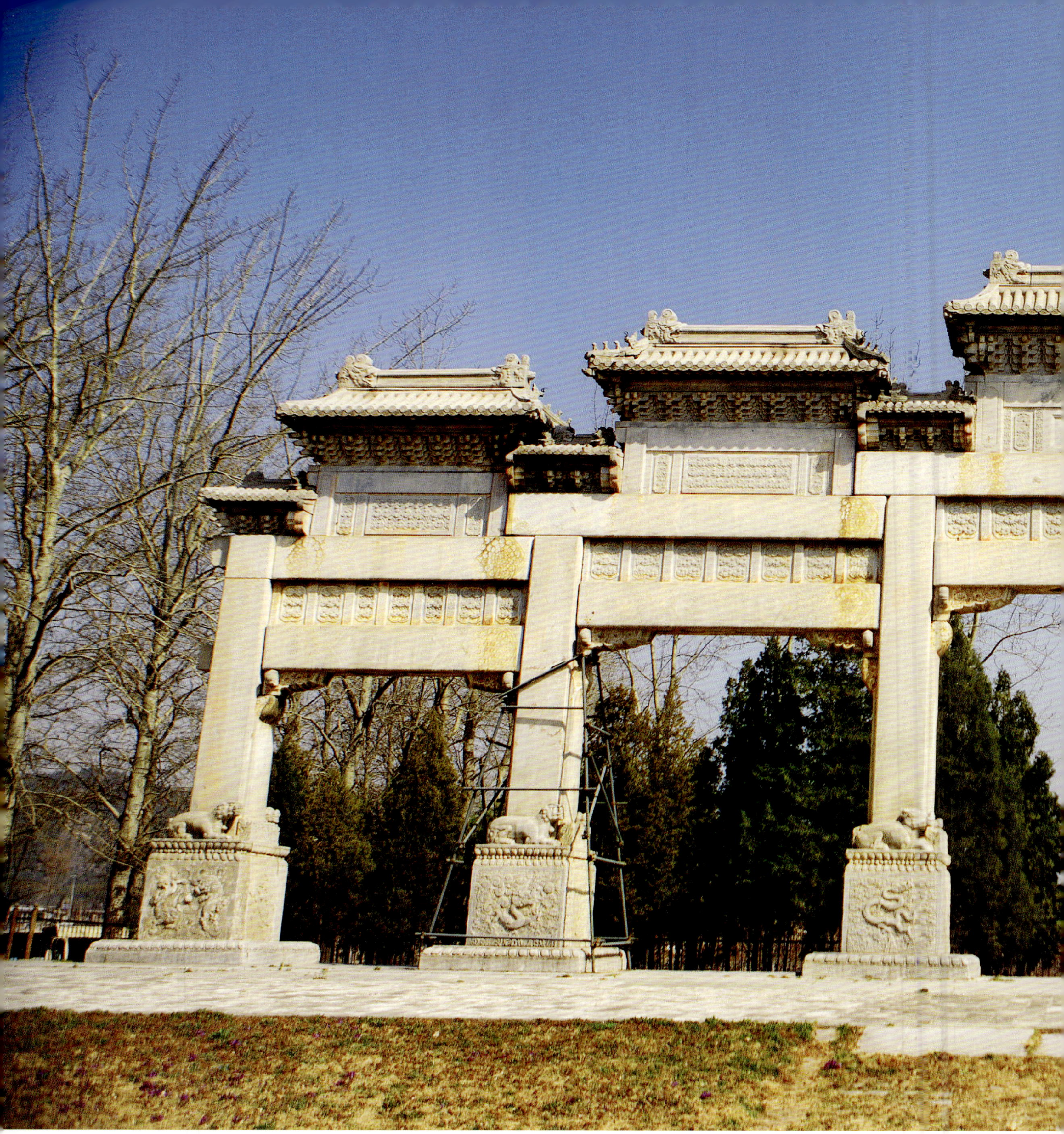

十三陵的内主干道称为神路，是历代进行祭祀活动的必经之路。神道自石牌坊起始。石牌坊建于明嘉靖十九年（1540年），汉白玉雕砌，具有五楹、六柱、十一楼。额枋和柱石上刻有龙、麒麟、狮子以及云纹浮雕。纹饰上的彩漆虽已被岁月剥蚀，但整座牌坊的恢宏精美，却让人们感受到明代卓越的石质建筑工艺。

过石牌坊后，在神道左右有两座小山。东为龙山，西为虎山，体现"左青龙，右白虎"的祥瑞之兆。龙虎二山守卫着十三陵的大门——大红门。按照礼制，古代王朝前来祭陵的人，进门后都要步行。整个十三陵原有长达 40 千米的红色围墙，还设有一座小红门和十个出入口，都有重兵把守。今天都已只剩遗迹。

神道上的石雕群最受人们喜爱。从碑亭到龙凤门，神道两侧整齐地排列着24只石兽和12个石人，造型古朴生动，保存完好。其中，石兽分6种，分别为狮子、獬豸、麒麟、骆驼、大象和马。石人又叫翁仲，均为立像，拱手持笏，他们虔诚威武，代表皇帝生前的侍臣。可以想象，皇朝希望死去的皇帝仍然拥有如同尘世一般的权力。

治十六年（己亥）十一月十七日

朕巡幸畿輔道經昌平州前代陵寢樓理應嚴為守護

明朝諸陵守墻垣傾圮已甚近陵樹木多被斫伐向來守護陵戶令其小心看守責令昌平道官不時嚴加巡察爾部仍面諭每歲或一次或二次差官察閱勿致踈虞特諭欽此

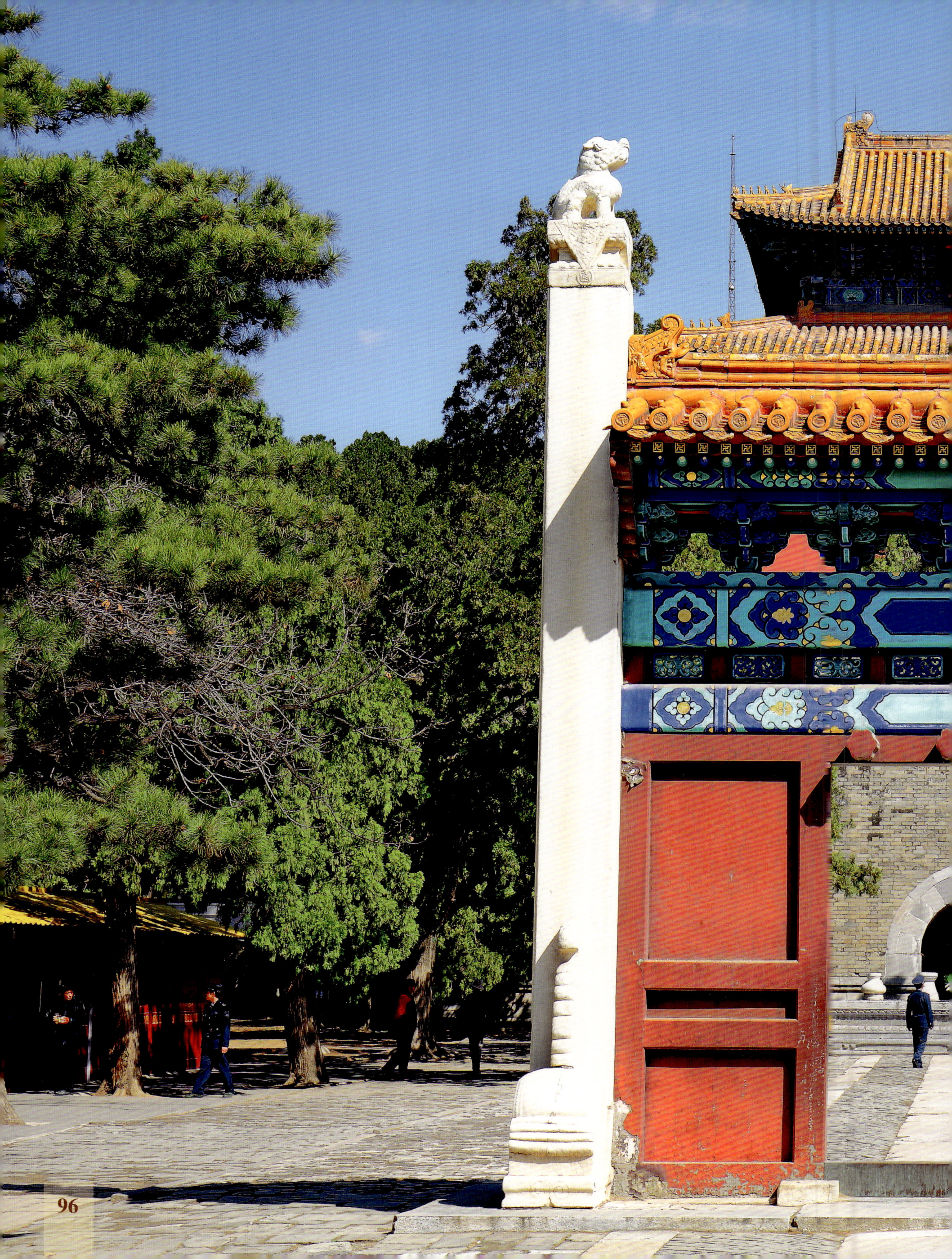

长陵是明十三陵的祖陵，陵内合葬着永乐皇帝和皇后。陵园南起石牌坊，北倚天寿山主峰，群山环抱，绿树成荫。南面有龙虎两山充当门户，门前又有山水自西向东流淌，是整个明十三陵的中枢。长陵规模宏大，施工用料都极其考究，仅地下宫殿就修了整整 4 年。

长陵的地面建筑也堪称皇家建筑的典范之作。其中，祾恩殿是后世皇帝祭祀永乐皇帝和皇后的场所。大殿坐落在汉白玉雕刻成的三层台基上，金砖铺地，阔九间（66.56米），进深五间（29.12米），象征着皇帝的"九五"之尊。

最令人惊奇的是，长陵的祾恩殿所有木件全用金丝楠木制成，竟有 60 根粗 1 米高 10 米以上的金丝楠木大柱，承托起 2300 多平方米的重檐庑殿顶，可谓举世无双！金丝楠木是珍贵的红木，有一定的导电性能，用在建筑中可以防雷击，且千年不朽。它的生长周期很长，大料极其难得。传说清代帝王看到长陵的用料之后，也羡慕赞叹不已。

万历帝宝座
THE EMPEROR'S THRONE

　　定陵是明代万历皇帝朱翊钧和两位皇后的陵墓，建于1584年到1590年，占地面积18万平方米。这座陵墓建成整整30年，才迎来了它的主人。万历皇帝是明代皇帝中的异数，他早年勤政，受到大臣们的赞颂。但他深爱着郑贵妃，追求爱情的自由，希望传位给自己和郑贵妃的儿子，遭到群臣的誓死反对。最终，他索性躲入深宫，再也不理朝政，寂寞终老。

　　定陵的明楼檐下石榜刻有"定陵"二字，明楼内石碑上则刻有"大明"和"神宗显皇帝之陵"。明楼的正后部则是皇帝的沉眠之所——地宫。定陵地宫是十三陵中唯一被开启的地下宫殿，出土文物很多，但因缺乏保护措施，绝大多数有机物文物都已损毁。自此以后，不再主动开启任何帝王陵墓。

　　整个明十三陵里，总共埋葬了明王朝13位皇帝、23位皇后和两位太子。气势恢宏的明十三陵，虽然在建造之初只是为了彰显皇室一家一姓的荣耀，但经过600年的历史洗涤，所留存的却是中国乃至人类文化的瑰宝。

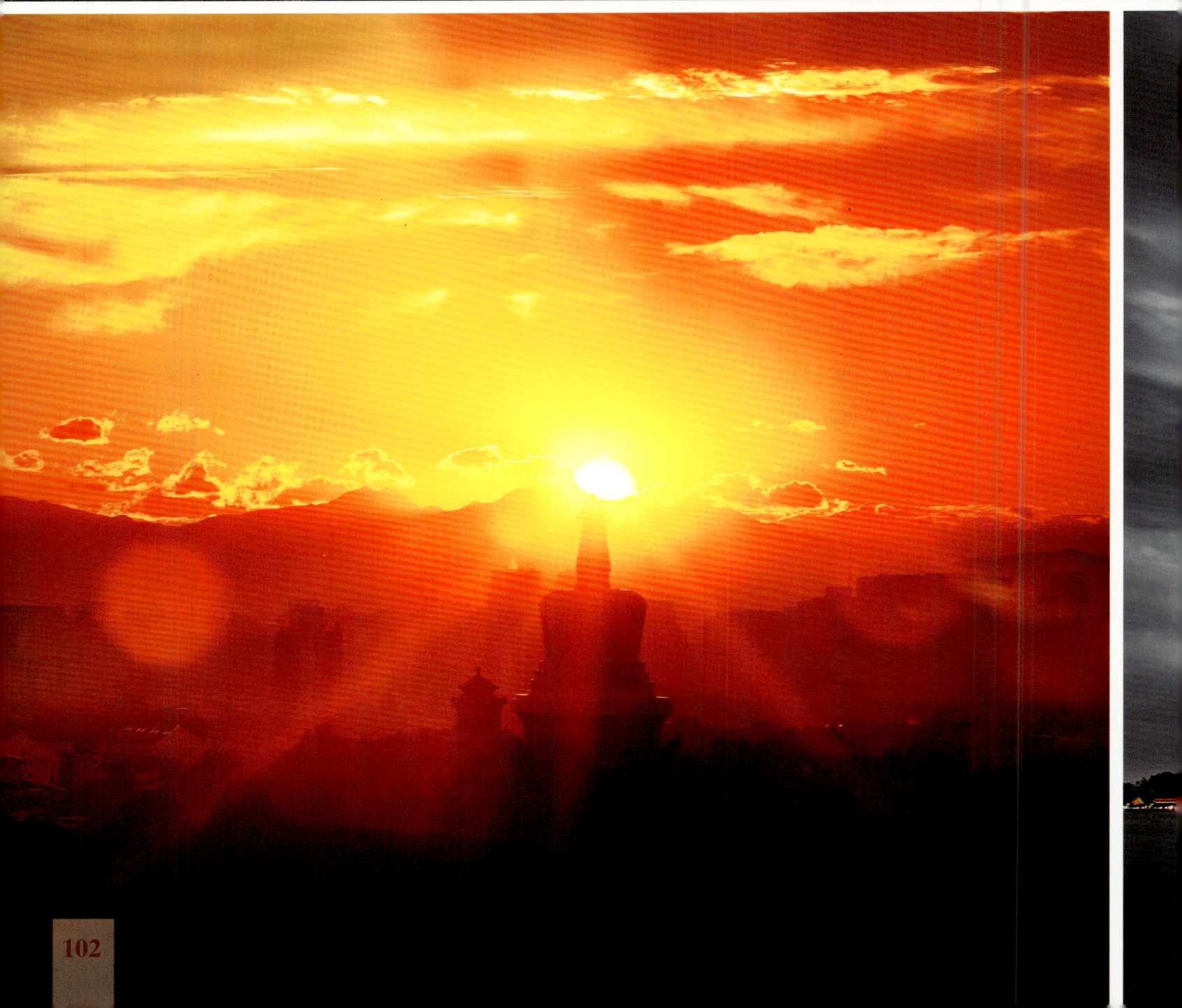

　　北海位于北京城中轴线上，是我国现存历史悠久、保存完整的皇家园林之一，距今已有近千年的历史。公园占地 69 万平方米，其中水面达到 39 万平方米，主要由琼华岛、东岸、北岸景区组成，而北海的白塔是公园的标志。琼华岛上亭台楼阁错落有致，树木苍郁。环湖垂柳掩映，濠濮涧、九龙壁、画舫斋、天王堂、快雪堂、小西天、静心斋、五龙亭等点缀其间，美不胜收。

103

　　我国现有三座九龙壁，北海的九龙壁是其中最有特色的一座。九龙壁两面都雕刻有龙，飞舞升降，形态多样，共计有龙 635 条。北海九龙壁建于清乾隆二十一年（1756 年），高 5 米，宽 1.2 米，长 27 米。原是一座寺庙的照壁，该寺被两次烧毁，两次重修后仅剩九龙壁。

琼岛春阴是燕京八景之一。清乾隆十六年（1751年）立。碑首盘顶，四方形。碑身四框刻缠枝纹饰，碑的正面刻有"琼岛春阴"四字，碑的背面为乾隆皇帝的诗文。雕刻精致的石护栏围绕在碑座四周。

铜仙承露盘也称仙人承露盘，高6.6米，位于北海公园琼岛西侧的山腰中。石座上竖立着汉白玉蟠龙柱，一位双手托举圆盘的铜人伫立在柱顶端。

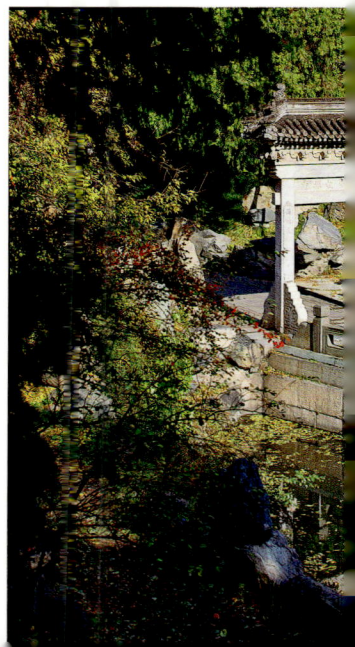

106

五龙亭由五间亭子组成，皆为方形，整组建筑以左右对称的方式安排，前后错落有致。亭子之间由桥与栏杆呈 S 形相连，如同一条巨龙，所以被称为龙亭。

濠濮涧位于北海东岸，是一处仿江南园林形式建造的园中之园。

学海奇观：国子监

国子监是元、明、清三代由国家设立的古代学府和教育行政管理机构，又称太学、国学。始建于元大德十年（1306年）。国子监东与孔庙相连，合于左庙右学之制。国子监主体建筑历经700多年风雨，依然保存完好。

国子监的中心建筑是辟雍，为北京六大宫殿之一。辟雍建于清乾隆四十九年（1784年），是我国现存唯一的古代学堂。辟雍按照周代的制度建造，坐北朝南，平面呈正方形。殿内为窿彩绘天花顶，设置龙椅、龙屏等皇家器具，以供皇帝"临雍"讲学之用。

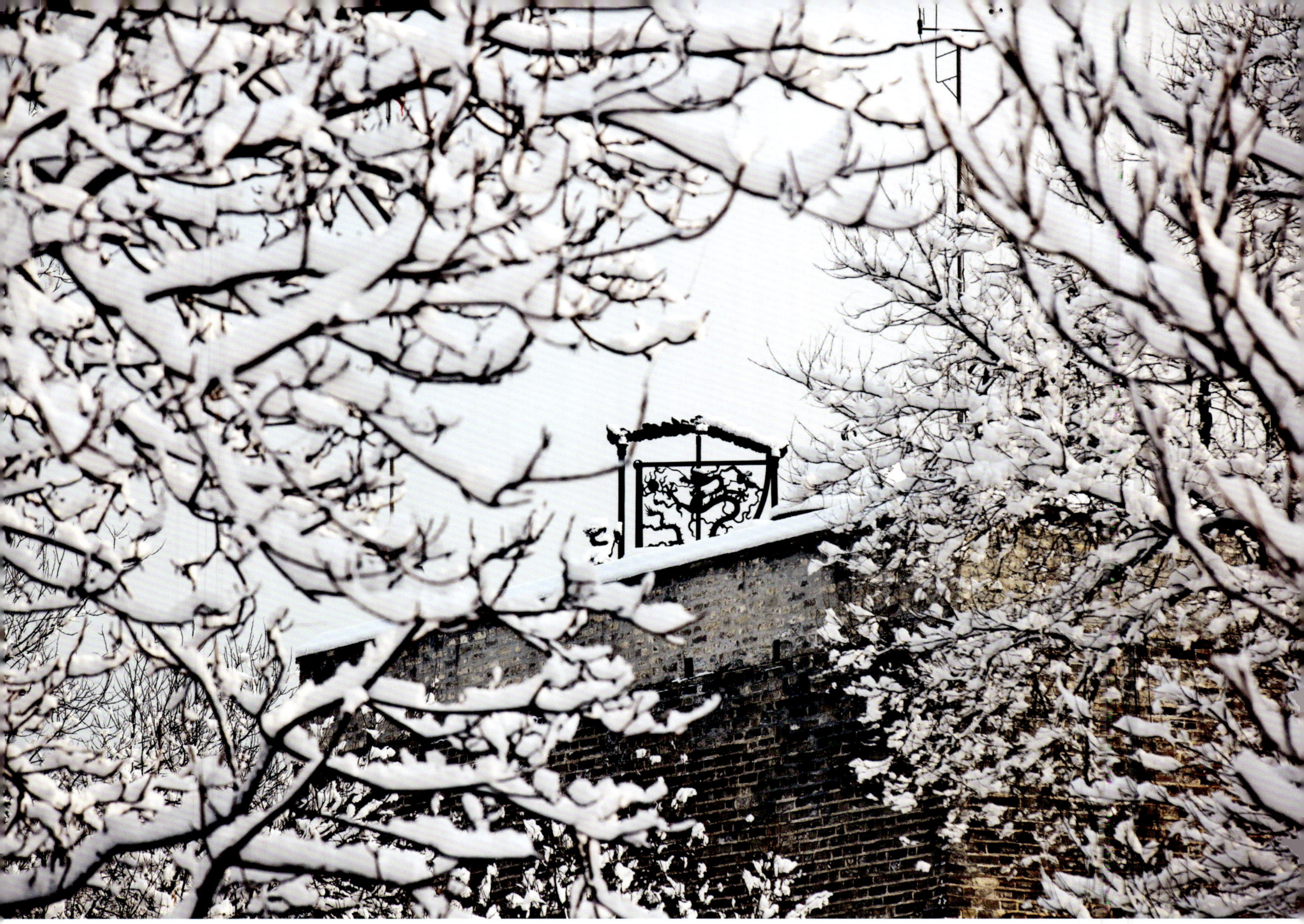

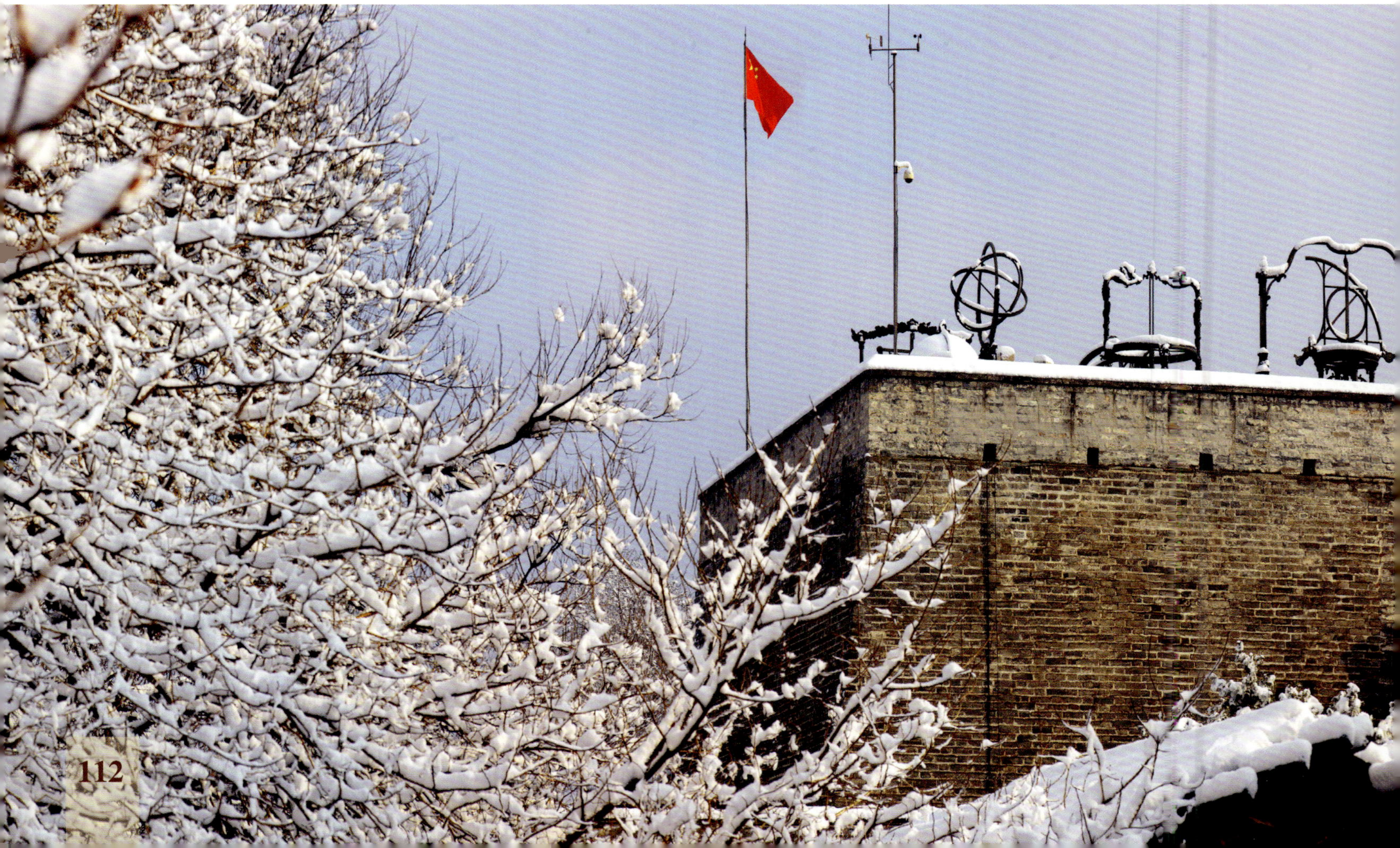

北京古观象台是明清两代的国家天文台，建于 1442 年。它的台体高约 14 米，台顶南北长 20.4 米，东西长 23.9 米。上设 8 架清制天文仪器。自明正统初年起到 1929 年为止，古观象台从事天文观测近 500 年之久，是现存的古观象台中保持连续观测最长的。古观象台还以建筑完整和仪器配套齐全在国际上久负盛名。

一下之然一地下之然一地下之然一地下之然一地下之然一地下動而之高後度動不不息一畫一夜行三百六十六度四分

故天左旋三百日然後日復出於東方 地

不過一丈邪雍謂水火土石合而為也 體徑二十四度其厚半

天體圓地體方圓者動方者靜天包地地依天

不皆有常理與人道相應可以理而知也今略舉

旋　中　四　百　分　徑　十

114

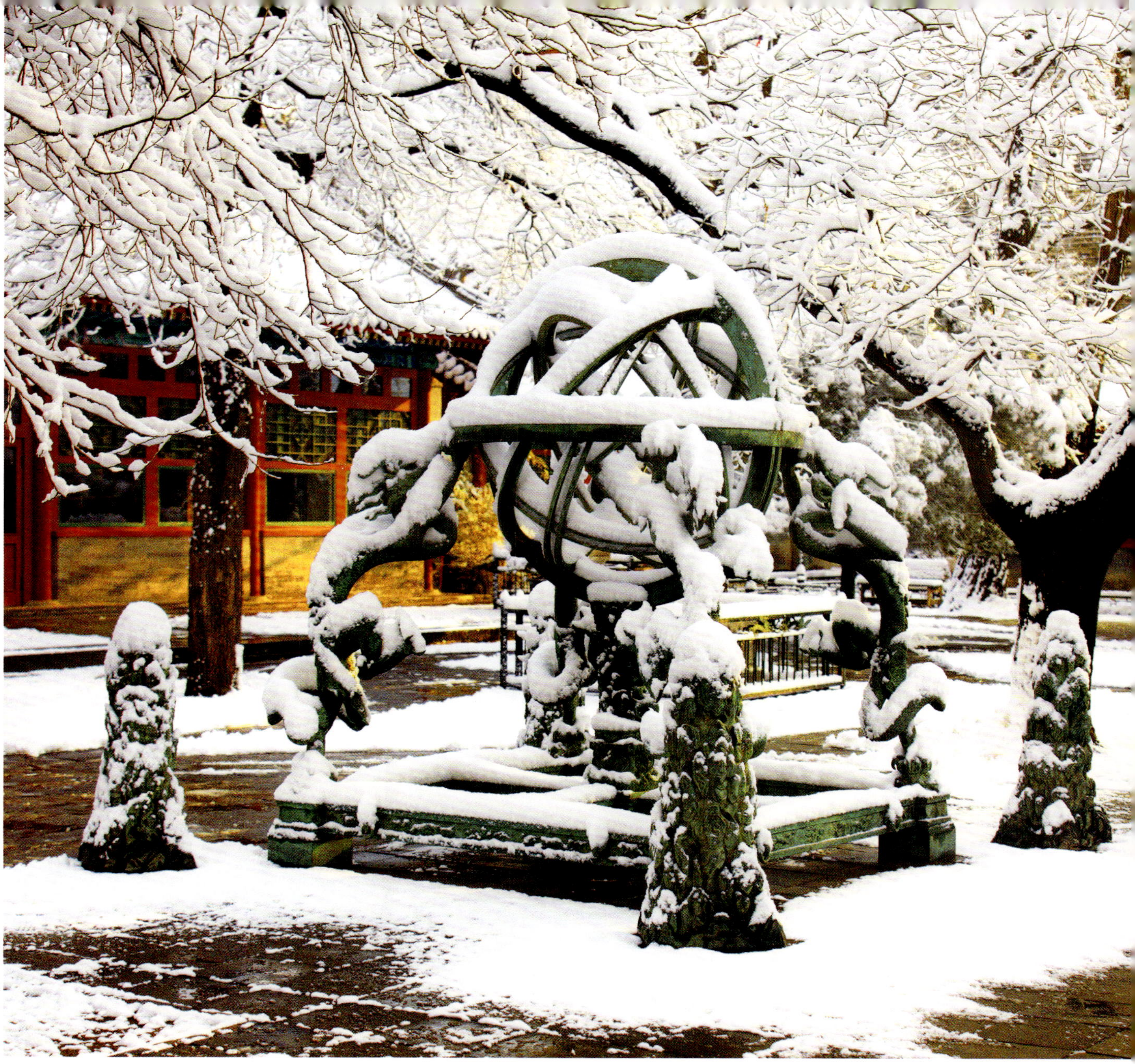

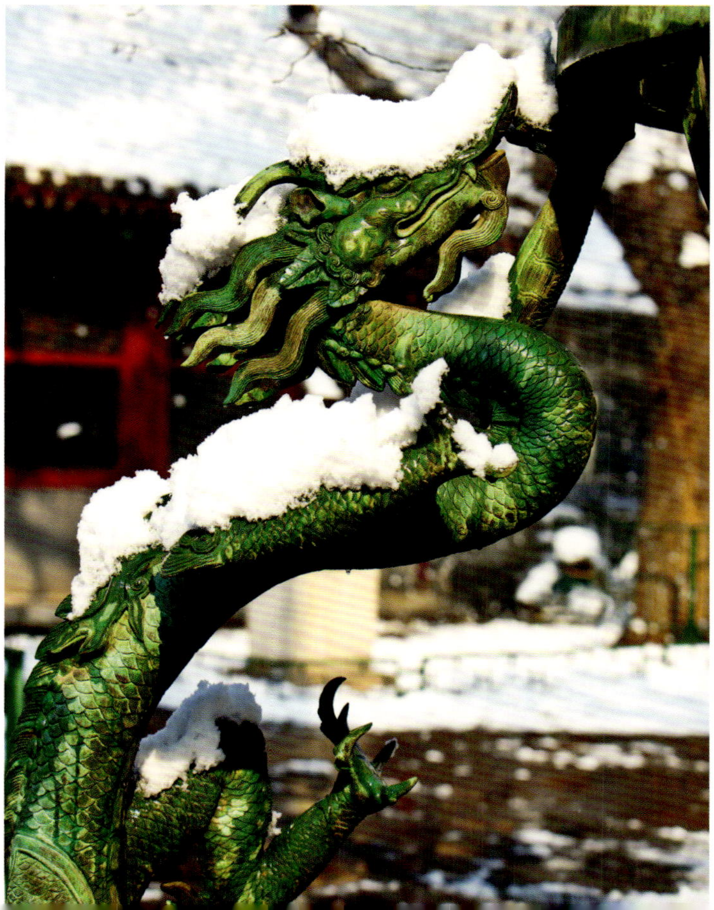
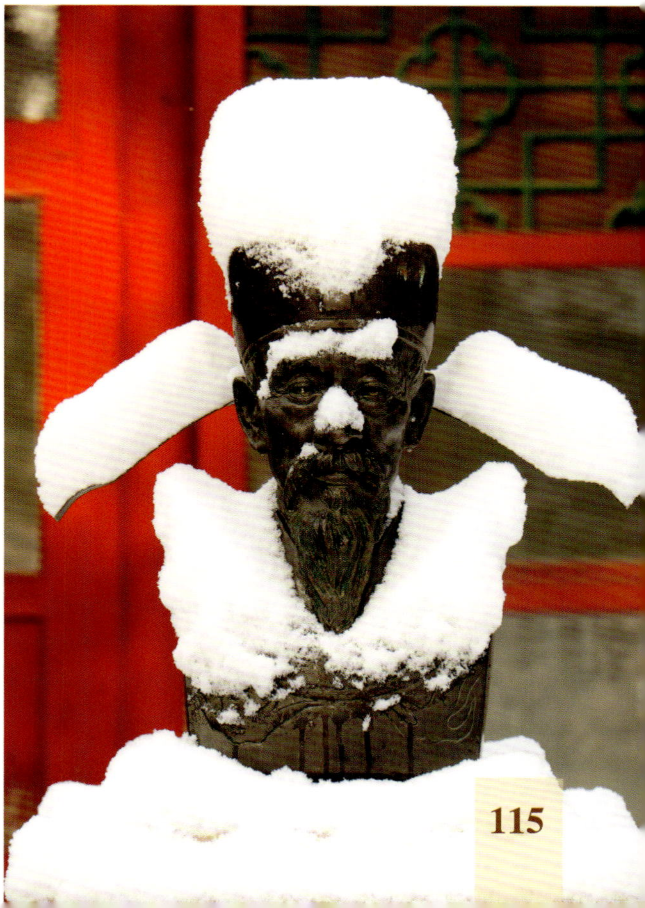

庙宇古塔

白云观

白云观是道教全真三大祖庭之一。它以保存最完整、最丰富的道教文物而享誉京城。白云观始建于唐开元二十九年（741年）。它的建筑风格独特，建筑规制全面，体量小巧，工艺精美，体现着道家清静无为、与自然为友的精神。

潭柘寺

潭柘寺坐落于门头沟的潭柘山麓，距今已有近1700的历史。民间传说的"先有潭柘寺，后有北京城"，就足以说明潭柘寺是北京最早的寺院。

潭柘寺寺院坐北朝南，背倚宝珠峰，周围有9座高大的山峰呈马蹄形环绕寺院。西晋永嘉元年（307年），这里建有寺院名嘉福寺，清代康熙皇帝赐名为岫云寺，因寺后有龙潭，山上有柘树，故民间一直称其为潭柘寺。

潭柘寺规模宏大，清代鼎盛时期有房999间半，故有故宫缩影的说法，据说明朝初期修建紫禁城时，就是仿造潭柘寺而建。现潭柘寺是北京郊区最大的一处寺庙古建群落。

在潭柘寺附近还有两处塔林，一为上塔林，一是下塔林。离潭柘寺较近的塔林，一般称为下塔林，亦以为是潭柘寺的僧人墓塔。在塔林山坡上的墓塔周围，长有许多古松柏，这些古松鳞片斑驳，树冠如盖，呈现出别具特色的佛家风韵。

广济寺

广济寺始建于宋朝末年，后多次重建，现在保存的建筑为明代格局。建筑分为三路，中路依次是山门、钟鼓楼、天王殿、大雄宝殿、圆通殿和多宝殿，西路为梵律殿、戒台、净业堂和云水堂，东路则有法器库、延寿堂等。

雍和宫

雍和宫始建于清康熙三十三年（1694年），是北京地区规模最大、保存最完好的藏传佛教寺院。雍和宫曾是雍正继位前的府邸，雍正继承皇位后，将其一半改为藏传佛教上院，一半作为皇帝行宫。雍正三年（1725年），把上院改为行宫，赐名雍和。

每年正月末，雍和宫喇嘛都要在庙里打鬼，这项法事活动叫作金刚驱魔神舞。蒙语俗称跳布扎，老百姓俗话叫打鬼，是藏传佛教的一种密乘宗教舞蹈。

雍和宫有"藏传佛教博物馆"之称，保存有大量的藏传佛教文物、资料及图片。雍和宫的法轮殿内的五百罗汉山，由金银铜铁锡制成的五百罗汉布满了山间。而万佛阁供奉的木雕巨佛弥勒佛，高18米，加上埋在地下的8米，高达26米的木质巨佛，成为雍和宫的绝宝。

西黄寺

西黄寺，位于北京市安定门外黄寺大街。坐北朝南，由二进院落组成，占地近 1.2 万平方米。

寺内依中轴线南北而列有山门殿、大殿、牌坊、东西配殿。

西黄寺之清净化城塔

　　这座塔整体形制仿印度佛陀迦耶寺塔的布局,属金刚宝座式塔,主塔的结构和形制是我国西藏喇嘛塔的样式。这座塔融不同的艺术风格为一体,具有独特的风貌,成为清代金刚宝座佛塔建筑中的精华。

广化寺

　　广化寺始建于1342年前后，坐落于风景秀丽的什刹海后海的北岸，是北京著名的佛教十方丛林。全寺占地面积1.3万多平方米，共分中院、东院和西院三大院落。整座寺庙古柏苍翠，花草溢香，曲径通幽。

云居寺

云居寺始建于隋末唐初，位于北京西南房山区境内，占地7万多平方米。由云居寺、石经山、藏经洞、唐辽塔群构成。经过历代修建，形成如今的五大院落六进殿宇。寺院两侧有配殿和帝王行宫、僧房，并有南北两塔。

大觉寺

大觉寺始建于辽代，初名清水院，后称灵泉寺，明宣德三年（1428年）重修，改名为大觉寺。寺院坐西朝东，殿宇依山而建，自东向西由天王殿、大雄宝殿、无量寿佛殿、大悲坛等四进院落组成。

大觉寺环境优雅，群山环抱。寺中的玉兰和银杏堪称京华之最。

法源寺

　　法源寺自其初创至今，已有1300多年历史。是北京城内一座历史悠久的名刹。清朝在法源寺设戒坛。清雍正十二年（1734年），该寺被定为律宗寺庙，传戒度僧，并正式更改为今名法源寺。

智化寺

　　智化寺始建于明正统八年（1443年），具有鲜明的明代特色。其庄重典雅、用料独特的黑琉璃瓦顶，素雅清新的装饰彩绘，体现出精美古朴的佛教艺术。

智化寺以其保存完整、高深美妙的宗教音乐而闻名于世。北京智化寺宗教音乐又有音乐"活化石"之称。

真觉寺（五塔寺）

　　五塔寺创建于明永乐年间，是一处藏传佛教寺院。金刚宝座塔虽然在造型上属于印度形式，但是在结构上，却体现了中国建筑特有的风格。在我国同类的十余座古塔中，五塔寺金刚宝座塔因为年代较早，样式典雅，所以可称为明代建筑和石雕艺术的代表之作。

天宁寺

　　天宁寺始建于北魏孝文帝年间，是北京古老的寺院之一。天宁寺原建筑规模宏大，如今仅存中路。天宁寺的大殿前有碑刻数方，其中有清乾隆年间重修天宁寺碑。接引殿后为舍利塔院，高大的舍利塔矗立院中。

　　天宁寺塔为北京现存精美的古塔之一。天宁寺塔在整体造型和局部手法上体现了辽代密檐砖塔的建筑风格，是研究中国古代佛塔的重要实例。

慈寿寺塔

慈寿寺塔又名永安万寿塔，地处北京西八里庄，被老百姓称为"玲珑塔"。

这座塔是明代单层密檐塔的代表作，仿北京天宁寺塔而建，故与天宁寺塔并称为"姐妹塔"。清乾隆皇帝在位时曾对慈寿寺塔进行过精心修缮，宝塔矗立至今，风采依旧。

皇家园林的守护者：长城

不到长城非好汉。每一个到北京旅行的朋友，都把能够登上长城当作是一件值得记忆的事情。

无论是在中国，还是在全世界，长城都是修建时间最长、工程量最大的一项古代防御工程。它始建于秦始皇时期（公元前七八世纪），两千多年不断地修建增补，最终贯穿了中国北部和中部的广大土地。今天我们看到的长城，多是明代所建成的。

长城的墙体一般是由巨大整齐的条石筑成外壁，城上有砖砌的女墙和垛口。每隔半里到一里就设有敌楼和烽火台。敌楼是用来御敌的城楼，而烽火台则是点燃烽火传递敌情的高台。

长城著名的景区很多，往往分布在北京的郊县或偏远城区，因地势的不同，各段的长城有不同的特点。例如，怀柔区的慕田峪长城就极富特色，它西接居庸关长城，东连古北口，城墙两边都有垛口，可以两边防御。正关台三座敌楼并矗，更是长城的名景。慕田峪长城是新北京十六景之一。

箭扣长城在慕田峪长城以西 10 千米处，是北京地区内最险峻、最雄奇的一段长城，保持着自然风化严重的原貌。箭扣长城分南线、北线，南线山势极其陡峭，几乎是直上直下，很多地方需要攀岩一般的劲头才能通过。一路行来 20 多千米，牛犄角边、南大楼、鬼门关、东西缩脖楼、东西油篓顶、箭扣梁、将军守关、天梯、鹰飞倒仰、北京结、九眼楼等尽收眼底。

八达岭居庸关长城是明长城中保存最好、最具代表性的一段，海拔1015米，地势险要，城关坚固，历来是兵家必争之地。登上居庸关长城，极目远望，山峦起伏，雄浑刚劲的北方山势尽收眼底。长城因山势而雄伟，山势因长城而更加险峻。

　　长城是世界文明的奇迹之一，随着山峰的走势蜿蜒起伏，如巨龙盘绕，长蛇劲舞。它是中国古代劳动人民血汗的结晶，是中华优秀文化的象征，是中华民族的骄傲。

图书出版编目（CIP）数据

　皇家园林 / 黄明哲著；朱天纯，陈波摄影 .
一北京：中国科学技术出版社，2015
　（中国古老文化寻踪）
　ISBN　978-7-5046-6785-4

Ⅰ . ①皇… 　Ⅱ . ①黄… 　②朱… 　②陈… 　Ⅲ . ①古典园林－介绍－中国
Ⅳ . ① K928.73

中国版本图书馆 CIP 数据核字（2014）第 299607 号

作　　者　　黄明哲
摄　　影　　朱天纯　陈　波
统　　稿　　黄明哲
审　　定　　罗　哲

出 版 人　　苏　青
策划编辑　　肖　叶　胡　萍
责任编辑　　李　元　张　莉
封面设计　　朱　颖
封面摄影　　朱天纯
装帧设计　　朱　颖
责任校对　　林　华
责任印制　　马宇晨
法律顾问　　宋润君

中国科学技术出版社出版
http: www.cspbooks.com.cn
北京市海淀区中关村南大街 16 号
邮编：100081
电话：010-62173865　传真：010-62179148
科学普及出版社发行部发行
鸿博昊天科技有限公司印刷

*

开本：635 毫米 ×965 毫米 1/8　印张：21　字数：336 千字
2015 年 1 月第 1 版　2015 年 1 月第 1 次印刷
ISBN　978-7-5046-6785-4/K・166
印数：1-3000 册　定价：148.00 元